昭和30年代～50年代の地方私鉄を歩く 第13巻

甲信越の私鉄（2）信越本線沿い

上田丸子電鉄
（丸子線、別所線、西丸子線、真田・傍陽線）

長野電鉄
（長野線、屋代線、木島線）

髙井薫平 著

◎撮影：吉村光夫

Contents

両社の系譜

上田丸子電鉄

丸子鉄道(株)
大正5(1916)年9月17日設立

上田温泉軌道(株)
大正9(1920)年1月5日設立

上田温泉電軌(株)
略称は上田温電
大正9(1920)年11月15日改称

上田電鉄(株)
昭和14(1936)年9月1日改称

昭和18(1943)年10月21日両社、会社解散
上田丸子電鉄(株)を設立

上田丸子電鉄(株)

上田交通(株)
昭和44(1969)年5月31日社名変更

上田交通の鉄道部門を独立

上田電鉄(株)(二代目)
平成17(2005)年10月3日設立

長野電鉄

河東鉄道(株)
大正9(1920)年5月30日設立

長野電気鉄道(株)
大正12(1923)年11月25日設立

長野電気鉄道(株)を合併
長野電鉄(株)に改称
大正15(1926)年9月30日

まえがき

　僕がまだ学生だった頃、長野の鉄道を見るには新宿から中央線の夜行列車に乗るか、上野から信越本線の夜行で立ち、途中目が覚めれば軽井沢で途中下車して、草軽電鉄のL型電気機関車に会い、1時間後にもう少し先まで行き、小諸で小海線のC56の牽く混合列車をちらり見て、大屋で降りるのが常でした。中央本線ルートには途中に富士山麓電気鉄道（現・富士急行）と山梨交通がありますが、松本まで直行、松本電鉄を見ることもありました。そして多くの場合は、その手前塩尻で中央西線に乗り換えて上松で下車、木曽森林鉄道に足を向けるのですが、それはあとからのお話です。

上田丸子電鉄

　上田丸子電鉄を見るには大屋で降りて丸子町に直行するか、上田で下車します。国鉄の上田駅は信越本線のホームの両側から濃紺と薄いクリーム色に塗られた上田丸子電鉄の電車が発着し、しかも両線とも構内に車両が留置されていたのでいつまでいても飽きませんでした。信越本線下り側から発着する別所線は唯一現在も上田電鉄として健在ですが、あのころから丸窓電車モハ5252が人気者でした。上田を出るとやや急カーブで千曲川の長い鉄橋を渡ります。このお話からずっとのちの話ですが令和元（2019）年10月13日の台風19号による千曲川決壊で、この大鉄橋の一部が流失してしまい、一時は廃止の噂も流れましたが、国や自治体が一体化して復旧に当たっており、令和3（2021）年の春に全通することになっています。

　さて、かつて上田原には大きな車庫があり、さらに走ると下之郷に着きます。ここは生島足島神社が有名で、現在は車庫が上田原から移転して1500Vに昇圧し、上田電鉄と名を変えた別所温泉行の電車の拠点になっています。また構内には今もホーム跡が残りますが、これは下之郷から丸子町まで西丸子線という支線が出ていた名残で、ホームの跡が残っています。

　下之郷から電車は大きく右に折れて、塩田の町を抜け舞田の駅を過ぎると登り勾配が続き別所温泉に到着します。ホームは2面あり、機回り線はありません。当時の上田丸子電鉄のトレーラーはサハが多かったのですが、トレーラーの入れ替えは上田方に設けた行き止まりの側線を利用していました。現在、保存車両モハ5250が押し込まれている場所です。その方法は牽いてきたトレーラーは押されて行き止まりの側線に入り、そこで切り離されたトレーラーはブレーキをかけて停止し、電動車は本線側に逃げ、その次にトレーラーのブレーキを緩めると重力で自然転動してホームに入り、本線上で待機していた電動車がトレーラーの前に連結されるというものでした。実は僕自身この入れ替え作業を見ていませんが、このパズルのような入れ替え作業が日夜行われていたことは現在では考えられないことでした。

　下之郷からの西丸子線には一度だけ乗車しました。乗った車は目蒲電鉄のモハ1と善光寺白馬電鉄のガソリンカーを組み合わせた電車でした。かつては青木線で使用した2軸単車も活躍した路線です。途中で少し長いトンネルを抜けて丸子の町に着きます。西丸子の駅は少し丸子線の丸子町から離れており、しかもかなり高低差があったように記憶しています。丸子線の丸子町に線路をつなぐ計画もあったと聞きますが、その計画が実る前に丸子の町からすべての電車は消えてしまいます。

　丸子線の丸子町の駅はここから下諏訪方面に抜ける国鉄バスのターミナルでもありました。駅前も広く、車庫もあっていろいろな車両がいました。丸子線には沿線に紡績工場もあった関係で貨物輸送もあり、電化当時から電気機関車を持っていました。1号機はアメリカ製のいかにも頑丈そうなB型の凸電で、2号機はブリル台車を履いた電車のような箱型でした。

　電車は創業時のがっしりした木造電車でしたが、やがて利用客も増えて東急電鉄をはじめとしたいろいろな車両が集まり、別所線では見たこともなかった3両編成も走っていました。信越本線との乗り換え駅の大屋駅は少し小高いところにあって、信越本線ホームに沿った単線でした。上田東まで線路が伸びると大屋は列車の行き違いを行うようになりますが、ホームは1面しかないのでホームを前後に分けて2つの列車をホームに停めていました。待望の上田市内乗り入れは開通から10年後に行われます。丸子町を出た電車は大屋で向きを変えて信越本線としばらく並走し、やがて信越本線を越えて上田東駅に着きます。上田東駅は国鉄上田駅とは少し離れていますが、お城にも近く、この辺りがかつて上田の中心地だったのでしょう。

　国鉄上田駅の東側、信越本線の上野行ホームに沿うように真田・傍陽線の乗り場があります。車庫もここ

にあり、いろいろな電車が止まっていました。上田丸子電鉄唯一の1500Vの路線で、電車も少し大きく見えました。電動車は8両あって7両が4250台を名乗っていました。これは上田丸子電鉄独特の電車の諸元による番号付けのなせた業でした。

　この路線は菅平に通じる高原地帯を走る感じで、高原野菜など農産物の搬出を目的の一つに据えていたので、開業に合わせて昭和3（1928）年に凸型40トンの立派な電気機関車を用意しましたが、期待したほどに貨物輸送量はなく、早々に三河鉄道（現・名古屋鉄道の一部）に売却してしまい、現在も岳南電車にその姿を見ることができるはずです。

　上田を出る電車は真田行きと本原で別れる傍陽行きとほぼ交互になっていました。貨車を牽引することが多かったようです。ラッシュにはガソリンカーを改造したサハを牽いていました。真田に向かう路線はやはり上りっぱなしでやっと上り着いたところに真田駅があり、ガソリンカー改造のサハが留置されていました。一度このサハが真田駅から逸走して勾配を駆け下り、途中で脱線転覆大破するという事故が昭和42（1967）年に起きています。

長野電鉄

　長野電鉄は地方のローカルな私鉄というより、風格ある県都の私鉄といった感じでした。

　制御装置はほぼ統一された1500V、HL制御で2〜3両連結して走っていました。電動車が2両連結するときは片方の電動車はパンタグラフをおろして運転していました。主回路はジャンパ連結器で連結されていますが、「ジャンパ連結器の容量から考えると、湯田中に上る連続勾配ではなかなか怖い話ですね」とジャンパ連結器の製造販売を生業としていた身として、つい車両課の人に話をした記憶が残っています。

　上野から信州に向かう国鉄の直行列車の歴史は古く、最初は客車列車、長野で機関車が長野電鉄のＥＤ5000形に引き継がれ、その後、乗り入れ車はキハ57に変わり、さらに169系に変わりました。また乗り入れは長野駅から屋代駅に集約されています。

　長野電鉄は当時の似たような地方の中堅私鉄、富山地方鉄道、福井鉄道、富士山麓電鉄、秩父鉄道と同じように、昭和30年代から始まった新しい駆動装置や制御方式を取り込んだ観光用の電車を投入しました。日本車輌で作った2000系は素晴らしい車で、昭和32（1957）年2月に2編成が入線、1年半後に1編成、さらに5年後にD編成と呼ばれる第4編成が入って長野電鉄をすっかり有名にしていきました。地方私鉄できちんとした特急券を発売したのは長野電鉄が最初かもしれません。

　特急電車の運転は1957年3月から始まり、1日5往復を長野〜湯田中間に設定、それぞれ「しらね」「よこて」「しが」「かさだけ」「いわすげ」と列車ごとに名前がついていましたが、煩雑だったのか「奥志賀」に統一されました。また第4編成が入って余裕ができたので野沢温泉を控える木島線の木島まで特急「野沢」が設定されましたが長くは続きませんでした。

　特急用の2000系とともに長野電鉄を有名にしたのがOSカーと呼ばれる20m、4扉車でしょう。この車両が登場した頃、東京や関西の大手私鉄では20m4扉車がそれなりに大勢になりつつありましたが、関西地区においては南海電鉄と近畿日本鉄道だけで現在に至っています。また大量輸送が目的ですから地方の中堅私鉄といっても少し冒険かなと思ったものです。それでも昭和44（1966）年に2編成が製造されました。当時長野電鉄におられた慶應の小林宇一郎先輩に「もっと小ぶりな車でもよかったのではないでしょうか」といったお話をした記憶がありますが、「お前は長野市の朝のラッシュを知らないからだ」と怒られた記憶があります。小林さんによればこの電車に「ＯＳカー」という愛称はOfficemen & Students Carの頭文字をとったものだそうです。

　増備の計画もあったようですが、ご多分にもれず利用者の減少により、10年後、3扉に変えたOS10が1編成だけ作られ、新造車による増備はこの車両で終わり、その後はJRや東京の大手私鉄からの中古車の購入に変わりました。地方私鉄独自の新車購入は限定的用途であるLRVや気動車に限定され、かつてのローカル私鉄のユニークな車両の新造は見られなくなりました。

上田丸子電鉄・長野電鉄の概略図 (昭和29年)

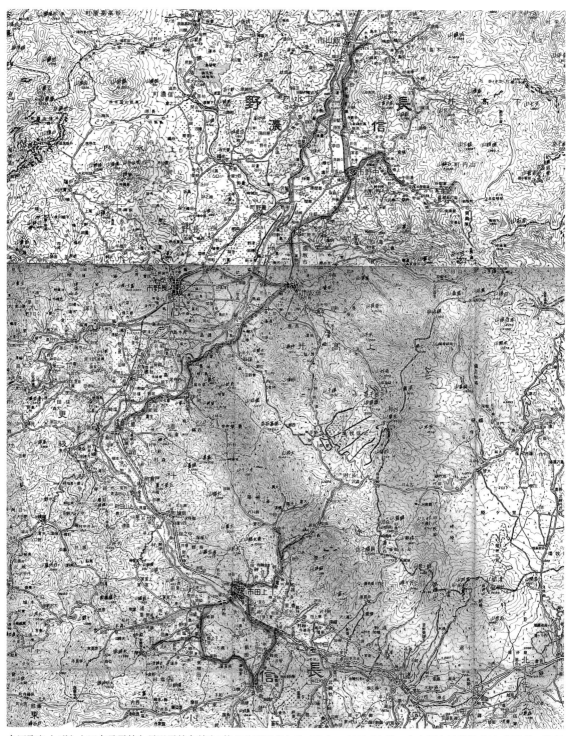

今回取り上げた上田丸子電鉄と長野電鉄各線を1枚の地図にまとめてみた。本文でも書いた上田丸子電鉄真田・傍陽線の延長計画など地図上で空想していただくのも楽しい。◎建設省地理調査所発行「1/20万地形図 (大正9年製版、昭和29年修正)」

1章
カラー写真で見る
上田丸子電鉄と
長野電鉄

西陽を浴びて刈り取った田んぼの中を行くモハ3310＋クハ3661。◎大学前〜下之郷　昭和52（1977）年11月　撮影：荻原俊夫

上田丸子電鉄
（上田交通、上田電鉄の時代）

【5000系（モハ5004＋クハ5054）】
1500Vへの昇圧の際、車両はすべて東急電鉄から来た5000系と5200系MT編成に置き換わった。
◎上田　昭和63（1988）年6月
撮影：荻原俊夫

【5200系（デハ5201＋クハ5251）】
東急電鉄が昭和33（1958）年に製造した日本初のステンレスカー。廃車後はデハ5201が生まれ故郷の東急車輛（現・総合車両製作所）の横浜本社工場に保存された。
◎別所温泉
平成5（1993）年5月
撮影：荻原俊夫

【千曲川を渡る
　　クハ252＋モハ5371】
この鉄橋は令和元（2019）年10月の「令和元年東日本台風」によって流失し、令和3（2021）年3月の復旧に向け工事が進んでいる。
◎上田〜城下
昭和61（1986）年6月
撮影：髙井薫平

【7200系（モハ7253＋クハ7553）】
老朽化した5000系の代替用に東急電鉄からやってきたオールステンレスカー。
◎下之郷〜中塩田　平成9（1997）年10月　撮影：矢崎康雄

【丸窓電車7200系（モハ7255＋クハ7555）】
かつて別所温泉行きの電車の顔であった「丸窓電車」の人気は高く、ラッピングという流行の技術を使って、ステンレス車体の丸窓電車が登場した。
◎八木沢〜別所温泉　平成10（2012）年12月　撮影：矢崎康雄

【1000系（デハ1001＋クハ1101）】
東横線で使用されていた日比谷線乗り入れ用の1000系は、東急線と日比谷線の相互乗り入れが廃止され余剰になり、各地の私鉄に譲渡された。上田電鉄にも5編成が入線したが、この編成は東急時代を踏襲した赤帯1本である。
◎下之郷　平成29（2017）5月
撮影：矢崎康雄

【6000系（クハ6101＋デハ6001）】
東急電鉄1000系の中間車に運転台を取り付けた車両。「さなだどりーむ号」という愛称で、派手なラッピング姿で登場した。
◎八木沢〜別所温泉
平成29（2017）5月
撮影：矢崎康雄

長野電鉄

【昭和35（1960）年に登場した
特急専用車2000系】
出場当時の塗装はマルー色に白
線が1本という斬新なもので
あった。出場時は冷房装置を載
せていなかったが、その後分散
式の冷房装置を取り付けた。写
真は平成19（2007）年にリバイ
バル塗装されたA編成。
◎信濃竹原～夜間瀬
平成22（2010）年12月
撮影：矢崎康雄

【複線区間を行く2000系D編成】
晩年は鮮やかな赤色とやや濃い
クリーム色の塗り分けになり、
「りんご電車」と呼ばれて親し
まれた。写真は長野市内の地下
区間から出て複線の線路を行く
各停運用の須坂行き。
◎善光寺下～本郷
平成23（2011）年9月
撮影：矢崎康雄

【2000系C編成】
一度だけ試みられた編成単位の
斬新なデザインだったが、長く
は続かなかった。
◎朝陽～付属中学前
平成5（1993）年4月
撮影：亀井秀夫

【OS10（モハ11＋クハ61）】
OSカーの第3編成は正面から貫通扉が消え、4扉が3扉になった。この車両は長野電鉄が作った最後の新造車になった。ただ長野市内地下化の際、地下線乗り入れに対応できず短命に終わった。
◎夜間瀬〜信濃竹原
昭和61（1986）年6月
撮影：荻原俊夫

【モハ1100系（クハ1151＋モハ1102＋モハ1101）】国鉄の大糸線に引き継がれた信濃鉄道の木造電車の機器流用新車である。MMT 3両編成を組んでいるが、中間のモハ1102は貫通扉付きで2両編成での運用に備えていた。
◎朝陽〜付属中学前　撮影：吉村光夫

【2500系C5編成】
長野市内地下線切り替えに対応して東急電鉄から東横線の顔であった5000系29両を譲り受けた。これによって特急車を除いてほとんどの車が入れ替わった。
◎平成9（1997）年8月
撮影：吉村光夫

【モハ401＋クハ451】
戦後の全国的な車両不足を補うため、大都市の大手私鉄から供出された車両の一つ。元東武鉄道デハ3形デハ12と11で、昭和23（1948）年、長野電鉄にやってきた。デハ11は予備部品捻出のため、Tc車になり昭和52（1977）年まで使用された。
◎須坂　昭和46（1971）年8月
撮影：亀井秀夫

【モハ600形（604）】
川崎造船所の標準型車両。リベットだらけで深い屋根を持つ車両は他の私鉄にも同系車が見られた。長野電鉄では同型4両で編成を組んでいた。
◎須坂　撮影年月不詳
撮影：吉村光夫

【モハ1000（1003）】
戦後私鉄向け運輸省標準設計Bの原型といわれる車両。
◎須坂　昭和61（1986）年3月
撮影：髙井薫平

【8500系T6編成】冷房車を増やす目的で東急電鉄8500系18両を導入、初めての界磁チョッパ制御、ワンハンドル制御だった。初めてのオールステンレス、前面窓下の赤帯もそのまま使用された。
◎令和2（2020）年10月　撮影：寺田裕一

【3500系O5編成】大手私鉄からの中古車両導入の第二弾は、帝都高速度交通営団（現・東京メトロ）日比谷線のセミステンレスカー3000系の大量入線であった。2両編成（3500系）12編成と3両編成（3600系）3編成の総数39両（部品確保用2両を含む）で、在来車両を駆逐した。◎松代　平成22（1993）年9月　撮影：矢崎康雄

【2100系E2編成（デハ2112＋モハ2102＋クハ2152）】特急電車置き換えの第二弾はJR東日本から空港特急「成田エクスプレス」253系を3両編成2本、6両を平成22（2010）年に譲り受けた。「スノーモンキー」の愛称で、湯田中寄りに設置されているグリーン個室には「Spa猿〜ん」の愛称が付けられ4人用個室指定席とされた。第1編成はほぼJR時代と同じ塗分けだが、第2編成は正面の赤色一色を踏襲しつつ新しいデザインに変更された。◎夜間瀬〜信濃竹原　平成28（2016）年1月　撮影：矢崎康雄

【3000系（モハ3011＋モハ3001＋クハ3051）】3500系の代替として東京メトロからやってきた元・日比谷線の03系。長野電鉄としては最初のVVVF制御車で、近く一般車の主力になる予定である。塗装は正面窓下の帯が赤に変わったくらいで大きな変化はない。◎小布施　令和2（2020）年10月　撮影：寺田裕一

【1000系S1編成（デハ1001-モハ1011-モハ1021-デハ1031）】元・小田急電鉄10000形HiSEロマンスカーである。バリアフリー化に不向きということで廃車が早まったものを譲り受けた。長野電鉄では11両編成を4両編成に組み替えた。バリアフリー化の問題は出入り台付近に知恵を絞った。◎朝陽〜付属中学前　平成23（2011）年1月　撮影：亀井秀夫

【2100系E1編成（デハ2111＋モハ2101＋クハ2151）】JR東日本の253系を譲り受けた。自動幌機構を取り外し、電気連結器が付いていた密着連結器は他車との連結を考え、密着自連に変更された。
◎朝陽〜付属中学前　平成30（2018）年1月　撮影：亀井秀夫

上田丸子電鉄、
長野電鉄の切符 （所蔵・文 堀川正弘）

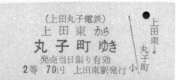

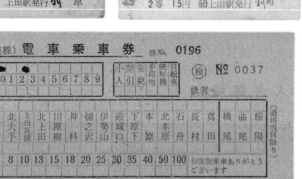

◆上田丸子電鉄
車内補充券を「電車乗車券」と表示しているのは、ここだけではないでしょうか。事由欄の自転車は時々見かけますが、映写機は珍しいです。当時は映画館の無い地域に、映写技師が機械を担いで巡回上映に回ったのですね。

◆長野電鉄
愛称名付きの特急が走っていました。他に「かさだけ」「しらね」が有りました。車補にわざわざ「第2種」とうたっているのもここの特徴です。また、写真には有りませんが、大型入場券も有名です。

上田丸子電鉄の駅データ （日付は開業年月日）

上田電鉄 別所線

- 0.0 上田 うえだ 大正13（1924）年8月15日
- 0.8 城下 しろした 大正10（1921）年6月17日
- 1.5 三好町 みよしちょう 大正10（1921）年6月17日
- 2.2 赤坂上 あかさかうえ 昭和7（1932）年9月21日
- 2.9 上田原 うえだはら 大正10（1921）年6月17日
- 3.8 寺下 てらした 大正10（1921）年6月17日
- 4.5 神畑 かばたけ 大正10（1921）年6月17日
- 5.2 大学前 だいがくまえ 大正10（1921）年6月17日
- 6.1 下之郷 しものごう 大正10（1921）年6月17日
- 7.4 中塩田 なかしおだ 大正10（1921）年6月17日
- 8.0 塩田町 しおだまち 昭和9（1934）年7月14日
- 8.5 中野 なかの 大正10（1921）年6月17日
- 9.4 舞田 まいた 大正10（1921）年6月17日
- 10.1 八木沢 やぎさわ 大正10（1921）年6月17日
- 11.6 別所温泉 べっしょおんせん 大正10（1921）年6月17日

上田温泉電軌 青木線 （昭和13（1938）年7月25日廃止）

- 0.0 上田原 うえだはら 大正10（1921）年6月17日
- 1.0 宮島 みやじま 大正14（1925）年5月28日
- 1.3 福田 ふくだ 大正10（1921）年6月17日
- 2.2 古吉町 ふるよしちょう 大正10（1921）年6月17日
- 2.9 小泉 こいずみ 大正10（1921）年6月17日
- 4.5 白金 しろかね 大正10（1921）年6月17日
- 5.7 出浦 でうら 大正10（1921）年6月17日
- 6.3 当郷 とうごう 大正10（1921）年9月12日
- 7.0 殿戸 とのど 大正10（1921）年6月17日
- 7.8 村松 むらまつ 大正10（1921）年6月17日
- 8.5 青木 あおき 大正10（1921）年6月17日

上田丸子電鉄 西丸子線 （昭和38（1963）年11月1日廃止）

- 0.0 下之郷 しものごう 大正15（1926）年8月12日
- 0.4 宮前 みやまえ 昭和13（1938）年2月10日
- 1.4 石神 いしがみ 大正15（1926）年8月12日
- 1.9 東塩田 ひがししおだ 昭和11（1936）年4月20日
- 2.6 富士山 ふじやま 大正15（1926）年8月12日
- 3.0 馬場 ばっぱ 大正15（1926）年8月12日
- 5.7 依田 よだ 大正15（1926）年8月12日
- 6.4 御岳堂 みたけどう 大正15（1926）年8月12日
- 6.8 上組 かみぐみ 大正15（1926）年8月12日
- 7.1 川端 かわばた 大正15（1926）年8月12日
- 7.5 寿町 ことぶきちょう 大正15（1926）年8月12日
- 7.9 河原町 かわらちょう 大正15（1926）年8月12日
- 8.6 西丸子 にしまるこ 大正15（1926）年8月12日

上田丸子電鉄 丸子線 （昭和44（1969）年4月20日廃止）

- 0.0 上田東 うえだひがし 大正14（1925）年8月1日
- 0.9 染屋 そめや 大正14（1925）年8月1日
- 1.8 上堀 うわほり 大正14（1925）年8月1日
- 2.8 八日堂 ようかどう 大正14（1925）年8月1日
- 3.4 神川 かんがわ 昭和31（1956）年4月
- 4.0 岩下 いわした 大正14（1925）年8月1日
- 4.8 東特前 とうとくまえ 昭和36（1961）年3月
- 5.4 電鉄大屋 でんてつおおや 大正7（1918）年11月21日
- 6.5 信濃石井 しなのいしい 大正7（1918）年11月21日
- 7.5 下長瀬 しもながせ 昭和31（1956）年3月12日
- 8.1 長瀬 ながせ 大正7（1918）年11月21日
- 8.8 上長瀬 かみながせ 昭和9（1934）年4月15日
- 9.7 丸子鐘紡 まるこかねぼう 大正7（1918）年11月21日
- 10.4 中丸子 なかまるこ 大正7（1918）年11月21日
- 11.2 上丸子 かみまるこ 大正7（1918）年11月21日
- 11.9 丸子町 まるこまち 大正7（1918）年11月21日

上田交通 真田・傍陽線 （昭和47（1972）年2月20日廃止）

- 0.0 電鉄上田 でんてつうえだ 昭和2（1927）年11月20日
- 0.8 公園前 こうえんまえ 昭和2（1927）年11月20日
- 1.1 北大手 きたおおて 昭和2（1927）年11月20日
- 1.5 上田花園 うえだはなぞの 昭和2（1927）年11月20日
- 2.1 北上田 きたうえだ 昭和2（1927）年11月20日
- 2.9 川原柳 かわらやなぎ 昭和2（1927）年11月20日
- 4.7 神科 かみしな 昭和2（1927）年11月20日
- 6.0 樋之沢 ひのさわ 昭和2（1927）年11月20日
- 7.0 伊勢山 いせやま 昭和2（1927）年11月20日
- 7.6 殿城口 とのしろぐち 昭和3（1928）年1月10日
- 7.9 下原下 しもはらした 昭和3（1928）年1月10日
- 8.6 本原 もとはら 昭和3（1928）年1月10日
- 9.8 北本原 きたもとはら 昭和3（1928）年5月1日
- 11.0 石舟 いしふね 昭和3（1928）年5月1日
- 12.0 長村 おさむら 昭和3（1928）年5月1日
- 12.8 真田 さなだ 昭和3（1928）年5月1日

＜本原〜傍陽＞

- 0.0 本原 もとはら 昭和3（1928）年4月2日
- 1.5 横尾 よこお 昭和3（1928）年4月2日
- 2.3 曲尾 まがりお 昭和3（1928）年4月2日
- 3.1 傍陽 そえひ 昭和3（1928）年4月2日

長野電鉄の駅データ（日付は開業年月日）

長野電鉄 長野線

- 0.0 長野 ながの 昭和3(1928)年6月24日
- 0.4 市役所前 しやくしょまえ 昭和3(1928)年6月24日
- 1.0 権堂 ごんどう 大正15(1926)年6月28日
- 1.6 善光寺下 ぜんこうじした 大正15(1926)年6月28日
- 2.7 本郷 ほんごう 大正15(1926)年6月28日
- 3.6 桐原 きりはら 大正15(1926)年6月28日
- 4.3 信濃吉田 しなのよしだ 大正15(1926)年6月28日
- 6.3 朝陽 あさひ 大正15(1926)年6月28日
- 7.0 付属中学前 ふぞくちゅうがくまえ 昭和60(1985)年3月14日
- 8.0 柳原 やなぎはら 大正15(1926)年6月28日
- 10.0 村山 むらやま 大正15(1926)年6月28日
- 11.0 日野 ひの 大正15(1926)年6月28日
- 12.5 須坂 すざか 大正12(1923)年3月26日
- 15.0 北須坂 きたすざか 大正12(1923)年3月26日
- 17.5 小布施 おぶせ 大正12(1923)年3月26日
- 18.6 都住 つすみ 昭和3(1928)年10月11日
- 21.3 桜沢 さくらさわ 昭和24(1949)年3月28日
- 23.3 延徳 えんとく 大正12(1923)年3月26日
- 25.6 信州中野 しんしゅうなかの 大正12(1923)年3月26日
- 27.0 中野松川 なかのまつかわ 昭和2(1927)年4月28日
- 29.3 信濃竹原 しなのたけはら 昭和2(1927)年4月28日
- 30.4 夜間瀬 よませ 昭和2(1927)年4月28日
- 31.8 上条 かみじょう 昭和2(1927)年4月28日
- 33.2 湯田中 ゆだなか 昭和2(1927)年4月28日

長野電鉄 河東線（木島線）（平成14(2002)年4月1日廃止）

- 0.0 信州中野 しんしゅうなかの 大正14(1925)年7月12日
- 1.6 中野北 なかのきた 昭和36(1961)年1月11日
- 3.6 四ヶ郷 しかごう 大正14(1925)年7月12日
- 4.8 赤岩 あかいわ 大正14(1925)年7月12日
- 6.3 柳沢 やなぎさわ 大正14(1925)年7月12日
- 8.8 田上 たがみ 大正15(1926)年3月1日
- 11.4 信濃安田 しなのやすだ 大正14(1925)年7月12日
- 12.9 木島 きじま 大正14(1925)年7月12日

長野電鉄 屋代線（平成24(2012)年4月1日廃止）

- 0.0 屋代 やしろ 大正11(1922)年6月10日
- 1.3 東屋代 ひがしやしろ 大正11(1922)年6月10日
- 2.9 雨宮 あめのみや 大正11(1922)年6月10日
- 5.0 岩野 いわの 大正11(1922)年6月10日
- 7.5 象山口 ぞうざんぐち 昭和9(1934)年5月24日
- 8.6 松代 まつしろ 大正11(1922)年6月10日
- 11.7 金井山 かないやま 大正11(1922)年6月10日
- 14.1 大室 おおむろ 昭和26(1951)年11月13日
- 15.7 信濃川田 しなのかわだ 大正11(1922)年6月10日
- 17.2 若穂 わかほ 昭和41(1966)年7月1日
- 18.9 綿内 わたうち 大正11(1922)年6月10日
- 21.4 井上 いのうえ 大正11(1922)年6月10日
- 24.4 須坂 すざか 大正11(1922)年6月10日

2章
上田丸子電鉄

【中塩田駅に停車中の丸窓電車モハ5251】別所線モハ5250形で、上田温泉電軌時代から昇圧前まで上田丸子電鉄の主役だった。

◎中塩田　昭和48（1973）年6月　撮影：髙井薫平

上田丸子電鉄のあらまし

平成17（2005）年に上田電鉄と名前を変えた上田丸子電鉄は、現在の上田〜別所温泉間の路線のほか上田市内から大屋を経由し丸子町に至る路線、別所線の下之郷から丸子町に至る路線、それに上田から真田・傍陽に至る菅平鹿沢線（昭和35年に真田・傍陽線に線名改称）を持っていた。現在唯一残る別所線は、大正10（1921）年6月、上田から国道143号を利用して青木村に至った上田温泉電軌で軌道法による電車だった。同時期に途中上田原から分かれて別所温泉に至る路線もでき、昭和14（1939）年地方鉄道に変更された。国鉄線の上田駅への乗り入れは目前に千曲川の流れがあり、ここに鉄橋がかかったのは大正13（1924）年のことである。

需要最初から需要の少なかった青木線はもっぱら2軸単車の独壇場であったが、昭和13（1938）年に廃止された。かつて車庫は上田原にあり、別所温泉に向かう電車はホームを離れるといきなり左にカーブするのは、かつての青木線から分岐した名残であろう。今は更地になって車庫の片鱗は残っていないが、かつての上田原の構内はまさしく宝の山であった。そこには現役の車両のほか役目を終えた車（これには足回りのないものもあった）や、これから使用するだろう車両も並んでいた。生え抜きの車両は開業が遅かったこともあって、のちの丸窓電車と人気を博したモハ5250形がきれいに整備されて、昭和61（1986）年の1500V昇圧まで使用された。

車庫はその際に下之郷へ引っ越すが、下之郷はかつてから丸子町に通じる西丸子線の起点であった。西丸子の駅を出て少し歩くと上田から通じる丸子線の終点、丸子駅があり、ここにも車庫があって別所線と一味違う車両が待機していた。

丸子線はもともと丸子鉄道という大正7（1918）年に開業した蒸気機関車が牽引する別の鉄道で、昭和9（1934）年に600Vで電化されている。丸子鉄道は信越本線の大屋で国鉄線に連絡、さらに大正14（1925）年8月、路線を延ばして上田市のお城の近い上田東まで路線を延ばしていた。昭和18（1943）年10月に上田電鉄と丸子鉄道は合併して上田丸子電鉄になった。

別所線には東急から来た木造電車と、主に飯山鉄道の気動車を組み合わせて生まれた鉄道マニアには好ましい小型車がいた。単車が走っていた西丸子線は、僕が訪問した時にはブリル台車をはいた元ガソリンカーが小さなパンタグラフを載せて乗り換え客を待っていた。丸子線には電化当時の木造電車が健在で、さらに払い下げを受けた木造買収国電も存在していた。これらを鋼体化する形でガソリンカー改造のトレーラーの電動車化や伊那電気鉄道の木造車と東急電鉄から来た戦災復旧車の車体と組み合わせて鋼体化が実現した。

西丸子線は昭和34（1961）年8月に廃止された。需要が少なかったからである。廃線跡をたどったことはないが、別所線の下之郷あたりから丸子町に通じる県道沿いにある長野計器の工場横に、モハ5253が残っている。

丸子線の方は電車の大型化も一段落し、丸子町にあった紡績工場は貨物の出入りも多かったこともあって、電気機関車を増備したりとやる気十分だったが、昭和43（1968）年4月に営業を廃止する。ちょうど国鉄線から様々な貨車を連ねた貨物列車が消えたころの出来事であった。

もう一つ上田の駅の反対側から出ていたのが傍陽と真田線である。こちらは上田温泉電軌、のちの上田電鉄の路線で上田市の裏山、菅平の方に路線を延ばした。途中の本原で分岐、左に傍陽線を分かち、菅平の入り口、真田に至った。真田の駅は勾配を登りきったところで、別所温泉の駅とよく似ていた。最初から電車で開業し、架線電圧も1500Vであったため、当時600Vだった別所線や丸子線と比べると、どこか貫禄があった。

今もおぼろげな記憶にあるのは真田で入れ換え中の付随車が逸走し、下り勾配を駆け下って途中で脱線転覆した昭和42（1967）年の大事故である。幸い死傷者はいなかったと記憶するが、真田・傍陽線にはクハはなく、サハばかりで貨車を含め電動車が牽引した。この日もたまたま菅平にいたサハ22が逸走して大破、廃車になった。この路線を敷いたのは上田温泉電軌では開業時、沿線からの貨物の需要があると見込んで、電気機関車を新造していた。デロ301という凸型電機だったが用途なしと判断したのか新造すぐ三河鉄道（現・名古屋鉄道の一部）に譲渡してしまい、さらに名鉄から岳南鉄道に譲渡され、いまも廃車のまま岳南富士岡の構

内に留置されている。

　真田・傍陽線の計画は遠大だったと聞く。傍陽から先は山を越えて長野方面に、真田からは観光地として有望な菅平方向、さらに群馬県までの路線延長を夢見ていたが、乗客、農産物輸送ともに自動車にその地位を奪われて、昭和47（1972）年2月に営業を終了した。

上田丸子電鉄における車両番号の付け方

　上田丸子電鉄には1500V昇圧まで多種多様な電車が在籍していた。このため上田電鉄と丸子鉄道の合併後に大規模な改番が実施され、車両番号で大まかな車両の全貌がわかるような形式番号を制定していた。車両形式に車両の性能などで加味した形式の付け方はいくつかの鉄道で試みられ、富山地方鉄道では現在も使われている。上田丸子電鉄の方式は以下のように決められていた。

　1000の位：主電動機の出力　付随車、制御車：なし
　50馬力以下：1
　50馬力〜60馬力：2
　60馬力〜70馬力：3
　70馬力〜80馬力：4
　80馬力以上：5

　　　　　　　　　　　　　　　　　　10の数字：車体全長
　100の位：制御方式：　　　　　　　11.5m未満：1
　随車：なし　　　　　　　　　　　　11.5〜12.5m未満：2
　直接制御：1　　　　　　　　　　　12.5〜13.5m未満：3
　間接制御（HL）:2　　　　　　　　　13.5〜14.5m未満：4
　間接制御（カム軸式）：3　　　　　　14.5〜15.5m未満：5

　これにより電動車4桁、制御車3桁、付随車2桁の車両形式が出来上がり、1500V昇圧まで実施された。ただこの分類では車体の構造、素材は決められておらず、この形式番号の付け方は一見便利に見えたが、同一形式番号であってもまったく異なる車両が登場したりする欠点もあった。750V末期に東急電鉄から入ったデハ3310,クハ3662,3779は東急電鉄の番号がそのまま使用された。

上田丸子電鉄の年表

明治45（1912）年2月27日	長野県丸子町（現・上田市）の製糸業者らが丸子鉄道を発起。丸子〜大屋間の鉄道敷設免許を出願して翌年5月7日に取得する。
大正7（1918）年11月21日	丸子鉄道の大屋〜丸子町間（後の丸子線）が軌間1067ミリの蒸気鉄道として開業する。
大正8（1919）年6月4日	田沢、沓掛、別所の各温泉地の有力者らが発起した上田温泉軌道が、三好町〜青木間、上田原〜別所間の軌道敷設特許を出願し、同年11月に取得する。
大正9（1920）年1月5日	上田温泉軌道が創立総会を開催する。
大正9（1920）年11月15日	上田温泉軌道が上田温泉電軌に社名を変更する。
大正10（1921）年6月17日	上田温泉電軌の青木線三好町（現・城下）〜青木間、川西線（現・別所線）上田原〜信濃別所（現・別所温泉）間が開業する。神畑、下之郷、五加（現・中塩田）などの駅を開業。
大正12（1923）年6月16日	上田温泉電軌が下之郷〜西丸子間の軌道敷設特許を取得する。丸子鉄道が大屋〜上田東間の鉄道敷設免許を取得する。
大正13（1924）年3月15日	丸子鉄道が直流600Vで全線を電化する。
大正13（1924）年8月15日	上田温泉電軌の青木線三好町〜上田間が延伸開業し、現在の別所線が全通する
大正13（1924）年11月	上田温泉電軌が上田〜傍陽間を北東線として開業、本原〜真田間の鉄道敷設免許を出願。翌年3月31日に取得する。
大正14（1925）年8月1日	丸子鉄道の大屋〜上田東間が延伸開業する。
大正15（1926）年8月12日	上田温泉電軌が下之郷〜西丸子間を依田窪線（後の西丸子線）として開業する。
大正15（1926）年8月12日	上田温泉電軌が北東線真田〜大日向間の鉄道敷設免許を取得する。
昭和2（1927）年11月20日	上田温泉電軌北東線（後の真田傍陽線）の上田（後の電鉄上田）〜伊勢山間が開業する。
昭和2（1927）年12月	青木線三好町駅が城下駅に、三好町3丁目駅が三好町駅に改称される。城下〜上田原間が専用軌道となって複線化する。
昭和3（1928）年1月10日	北東線伊勢山〜本原間が延伸開業する。4月2日に本原〜傍陽間（傍陽線）が開業。
昭和3（1928）年5月1日	本原〜真田間が延伸開業し、北東線として全通する。
昭和3（1928）年5月22日	上田温泉電軌がデナ200形（後のモハ5250形）3両を軌道線に投入する。
昭和4（1929）年3月3日	川西線の五加駅が中塩田駅に改称される。
昭和5（1930）年1月19日	川西線の信濃別所駅が別所温泉駅に改称される。
昭和5（1930）年12月20日	上田温泉電軌が菅平高原スキー場に直営ホテルを開業する。
昭和7（1932）年9月21日	青木線に赤坂上駅が開業。
昭和8（1933）年10月14日	丸子と下諏訪を結ぶ省営バス和田峠線が全線開通する。
昭和9（1934）年7月14日	川西線に上本郷（現・塩田町）駅が開業。
昭和13（1938）年7月25日	青木線上田原〜青木間を廃止する。
昭和14（1939）年3月19日	上田温泉電軌が川西線を別所線、依田窪線を西丸子線、北東線を菅平鹿沢線に改称する。
昭和14（1939）年9月1日	上田温泉電軌が上田電鉄（初代）に社名を変更する。
昭和18（1943）年10月21日	上田電鉄と丸子鉄道が合併して上田丸子電鉄が発足。旧丸子鉄道線が丸子線となる。
昭和20（1945）年	別所線と西丸子線の集電方式を、ポールからパンタグラフに変更する。
昭和26（1951）年7月31日	寿町〜上丸子間連絡線の鉄道敷設免許を取得する。
昭和28（1953）年11月	丸子線、別所線、西丸子線を600Vから750Vに昇圧する。
昭和30（1955）年8月8日	菅平鹿沢線の上田駅が国鉄との共同使用を解消し、電鉄上田駅として独立する。
昭和31（1956）年8月10日	丸子線の大屋駅が国鉄との共同使用を解消し、電鉄大屋駅として独立する。
昭和33（1958）年11月4日	上田丸子電鉄が東急電鉄のグループ会社となる。
昭和35（1960）年4月1日	菅平鹿沢線を真田傍陽線に改称する。
昭和35（1960）年	別所線の上本郷駅が塩田町駅に改称。
昭和36（1961）年3月	丸子線に東特前駅が開業。
昭和36（1961）年6月25日	豪雨により西丸子線が全線休止となる。
昭和38（1963）年11月	西丸子線を廃止する。
昭和41（1966）年6月1日	別所線の下本郷駅が本州大学前（現・大学前）駅に改称。
昭和44（1969）年4月20日	丸子線を廃止する。
昭和44（1969）年5月31日	上田丸子電鉄から上田交通に社名変更する。
昭和46（1971）年6月23日	別所線を単線自動閉塞化する。
昭和47（1972）年2月20日	真田傍陽線を廃止する。
昭和48（1973）年4月	上田交通が別所線廃止の方針表明。これに対し、別所温泉観光協会や各自治体が「電車廃止反対期成同盟会」を発足して存続を求める。
昭和48（1973）年11月	上田市と上田交通、東急電鉄との間で廃止延期の調印が行われる。
昭和49（1974）年5月1日	本州大学前駅が大学前駅に改称される。
昭和49（1974）年	別所線が鉄道軌道整備法に基づく補助路線に認定され、欠損補助金の交付が始まる。
昭和52（1977）年	別所線存続の方針が決定される。

昭和58（1983）年1月1日	上田原～別所温泉間の貨物営業を廃止する。
昭和59（1984）年11月1日	全線で貨物営業を廃止する。
昭和61（1986）年10月1日	750Vから1500Vに昇圧し、電車区を上田原から下之郷に移転。これにより「丸窓電車」モハ5250形を全廃する。
平成2（1990）年3月10日	快速「信州鎌倉号」1往復が運転を開始する。
平成5（1993）年3月16日	下りの快速を廃止する。
平成5（1993）年5月28日	東急電鉄から購入した7200系2両編成5本が営業運転を開始する。
平成5（1993）年11月18日	上田駅をJRとの共同使用駅に変更する。
平成6（1994）年9月4日	快速を全廃する。
平成10（1998）年3月29日	上田駅が高架化。9月30日には上田駅から千曲川橋梁に至る区間の高架化が完了する。
平成10（1998）年11月8日	ワンマン運転が開始する。
平成11（1999）年5月1日	別所温泉駅の業務を別所温泉観光協会に委託する。
平成12（2000）年7月1日	大学前駅前に60台分の駐車場を開設。
平成16（2004）年9月2日	中塩田駅に留置していたモハ5253を譲渡先の長野計器へ搬出。翌年3月には、同社丸子電子機器工場内で丸窓電車資料館として一般公開する。
平成17（2005）年1月27日	7200系に「丸窓電車」をイメージしたラッピング車が登場する。
平成17（2005）年10月3日	上田交通が鉄道事業部門を分社化し、別所線を引き継ぐ上田電鉄を設立する。
平成20（2008）年8月1日	東急電鉄から購入した1000系2両編成2本が営業運転を開始する。
平成20（2008）年10月1日	「まるまどりーむ号」2編成以外の7200系が全廃する。
平成23（2011）年4月15日	別所温泉駅付近に保存されていたモハ5251を、譲渡先のさくら国際高等学校へ搬出。
平成28（2016）年2月21日	NHK大河ドラマ「真田丸」PRのラッピング電車を運行開始（放送終了まで）。
平成30（2018）年5月12日	「まるまどりーむ号」の営業運転を終了し、7200系電車が形式消滅。
令和元（2019）年10月13日	台風19号による千曲川増水により上田市内の千曲川橋梁が崩落し全線運休となる（その後、区間運転を再開）。
令和3（2021）年3月28日	鉄橋復旧工事の完成により、全線で運転再開を予定。

【丸子町構内】東急電鉄からやってきたモハ4360形もすっかり板についた感じだ。
◎丸子町　昭和39（1964）年8月　撮影：髙井薫平

上田温泉電軌北東線（後の真田・傍陽線）の沿線（昭和５年）

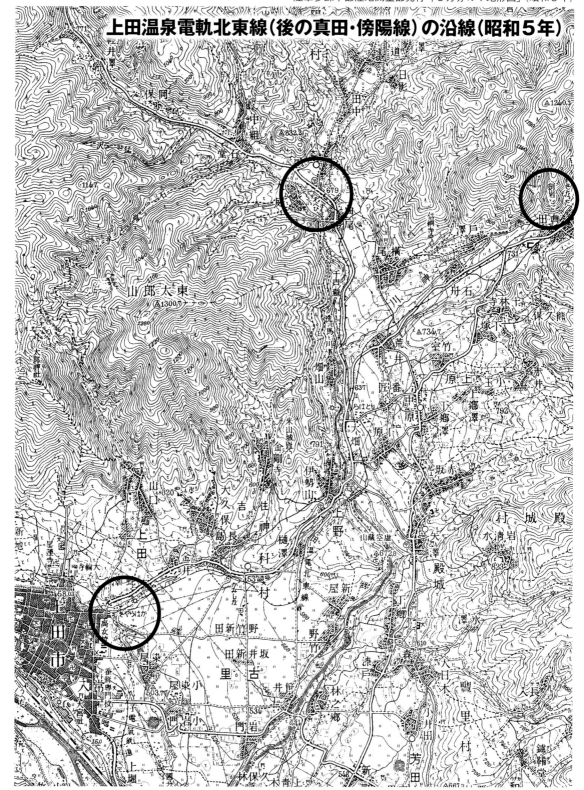

真田・傍陽線が上田駅を出て右カーブ、北上する付近はこの地図の左側で見えないが、北上田（駅名は地図には見えない）のあたりから東に向かう線路が見える。真田・傍陽線は町の周りを半周、川原柳へ着く。ここからさらに東へ進み弧を描くように北に方向を変えるあたりに上田温電北東線と記されている。「上田温電」は上田温泉電軌の略称である。上田から千曲川の西、青木、別所方の路線を川西線と総称したのに対し、真田・傍陽線は「北東線」と称した。この地図では本原で真田線と傍陽線が分かれ、終点真田と傍陽に着く。

丸子鉄道と上田温泉電軌の沿線（昭和5年）

上田と丸子を別ルートで結んだ丸子鉄道と上田温泉電軌。丸子鉄道が建設した東上田〜大屋〜丸子町と上田温泉電軌が建設した上田〜上田原〜下之郷〜西丸子である。依田窪線（西丸子線の旧名）は途中二木峠でトンネルがあり丸子の町に到達するにも千曲川の支流、依田川に鉄橋をかけるなど建設費がかかったことがわかる。上田と丸子の間は西丸子線経由より大屋経由の方が距離的にも時間的にも早かった。この地図の表示のとおり、丸子町、西丸子の読み方は当初は「まりこまち」「にしまりこ」であった。真田・傍陽線は国鉄上田駅のホームの北側から長野方向に向かって出発し右にカーブ、上田城の堀の中を北上、また右にカーブ進路を東にとり北上田（地図に駅名は記載されていない）、河原柳まで上田の町を半周した。

上田温泉電軌青木線、別所線、依田窪線（後の西丸子線）の沿線（昭和5年）

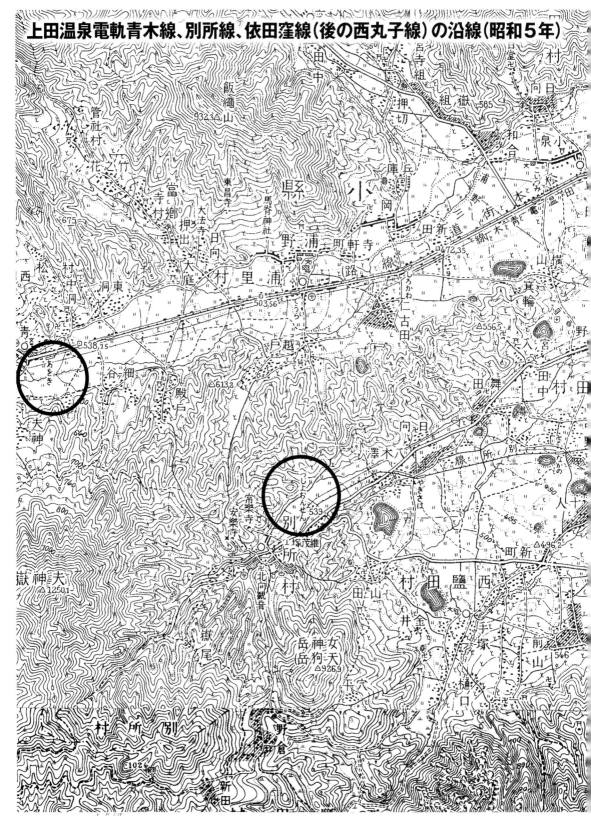

青木線、別所線、依田窪線（西丸子線の旧名）の路線が存在した時期のもの。上部東西には松本街道があり上田温電青木線の名も記されている。上田温泉電軌青木線は併用軌道、すなわち路面電車であった。依田窪線の開業は大正15（1926）年8月12日、青木線の廃線は昭和13（1938）年7月25日なのでこの12年間だけが両方の線が存在していた。上田温泉電軌の開業時は上田から千曲川の鉄橋をわたるとすぐ併用軌道となって終点の青木までいっていた。この時点では上田原まで線路はすでに南に移設され専用軌道になっているがこの地図で見ると上田原は道路上のままで駅の西で別所線と分岐している。

陸軍参謀本部陸地測量部発行「５万分の１地形図」(昭和５年)

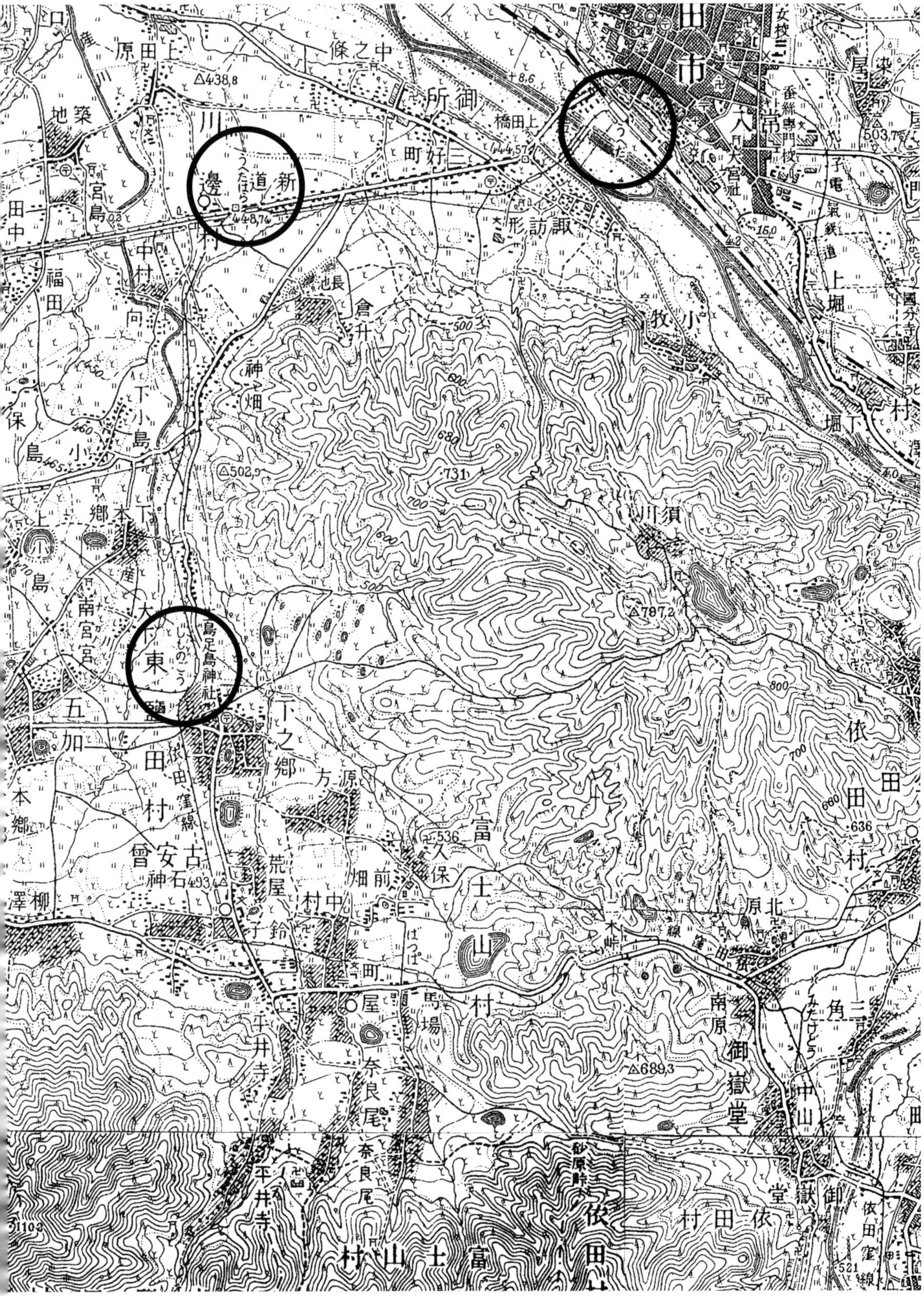

丸子線

丸子の製糸業者が中心になって大正7（1918）年に信越本線の大屋からが丸子まで蒸気機関車による丸子鉄道が開業した。その後電化され、大正14（1925）年に大屋から信越本線を越えて上田に達し、上田東駅を設けた。昭和14（1939）年に上田電鉄と合併して上田丸子電鉄丸子線になった。丸子町には紡績工場もあって貨物輸送も盛んで、特徴的な2両の電気機関車を持っていた。開業時には小型と中型の木造電車を持ち、長く使用した。

丸子線の特徴は国鉄線連絡駅である大屋駅にはホームが1本しかなく、しかも交換駅であり、おまけに行き止まりの駅であった。そこで大屋駅では1本しかないホームの前後に列車を止めて行先を分けていた。大屋を出た電車はしばらく国鉄信越本線と並走し、やがて信越本線をオーバークロスして上田市の中心部に達した。ちなみにこの並走区間は信越本線複線化の時に活用された。

終点の丸子町駅で特徴的だったのは鹿教湯温泉を抜け諏訪方面に抜ける国鉄バスと連絡していたことで、乗り換え客は駅前に出ることなくバスに乗り継ぐことができた。

乗客もそこそこあったのに廃止を速めたのは国鉄の貨物輸送の縮小にあった。それまで上田丸子電鉄では国鉄から電気機関車を譲り受け丸子線の機関車は3両体制になっていた

電車は買収木造国電と東急電鉄の戦災復旧車を組み合わせたり、小ぶりな車両は中間にガソリンカーを改造したサハを挟んだ3両連結列車も走っていた。別所線や菅平鹿沢線に見られた電動車が付随車を引くという運用と異なり大屋駅でスイッチバッグするという運用だった。丸子線のトレーラの運用は制御車を連結したMcTc編成か、付随車を挟んだ3両編成だった。

【23ページより7年占い丸子町駅構内】停車中のモハ3331もまだ旧塗装のままだ。
◎丸子町　昭和32（1957）5月　撮影：齋藤晃

丸子鉄道からの引き継ぎの木造電車

【モハ3330形（3331＋3332）】元・丸子鉄道ホハ100形として大正13（1924）年に登場した小型木造電車。登場時はバッファーを付けた直接制御車で、合併後モハ3131,32になったが、昭和30（1955）年に間接制御車になり、記号番号がモハ3331,32になった。廃車は昇圧以前の昭和40（1965）年であった。◎丸子鐘紡〜中丸子　昭和37（1962）年2月　撮影：髙井薫平

【旧塗色時代のモハ3331】電化と同時に製造されたホハ100形だが、既に間接制御に代わり、形式も変わった。乗務員室のサイドの窓がすりガラスになっている理由は分からない。◎丸子町　昭和32（1957）年5月　撮影：齋藤晃

【モハ3331の2連】乗客が増えることで、小型車だったモハ3330形は総括制御化後2両連結で走ることが多かった。
◎丸子紡績〜中丸子　昭和39（1964）年8月　撮影：髙井薫平

【モハ3350形（3351,52）】元・丸子鉄道ホハ200形として大正14（1925）年に登場。こちらのほうは同じ木造ながら15m級の3扉車で、最初から自動連結器を備えて幕板に明かり窓が設けられていた。モハ3330形と同様、昭和30（1955）年に間接制御車となった。
◎丸子町　昭和41（1966）年8月　撮影：髙井薫平

【モハ3350形（3351）】閑散時には単行運転になる。濃紺とクリーム色の新しい装いになっても、運転台横の窓はすりガラスのままであった。◎丸子町　昭和39（1964）年8月　撮影：髙井薫平

【中間にサハ27を挟んだ3両編成】モハ5350形はがっちりした木造電車だった記憶がある。ずらりと並んだ明り取りの窓もきれいだった。昭和44（1969）年4月19日の丸子線廃止まで使用された。◎丸子町　昭和39（1964）年8月　撮影：髙井薫平

【モハ3220形（3223＋3224）】元・東急電鉄の木造電車を購入してそのまま使用していたが、木造車体を鋼体化する際、新たに車体を作らず、手持ちのガソリンカーの車体を利用する方法をとった。このモハ3223,4はサハ25,26の車体を使用している。常時2連で使用したので運転台は1箇所である。鋼製車体と木造電動車機器の組み合わせによる上田丸子方式とも呼べる鋼体化は、その後、他形式にも及んだ。◎丸子町　昭和37（1962）年2月　撮影：髙井薫平

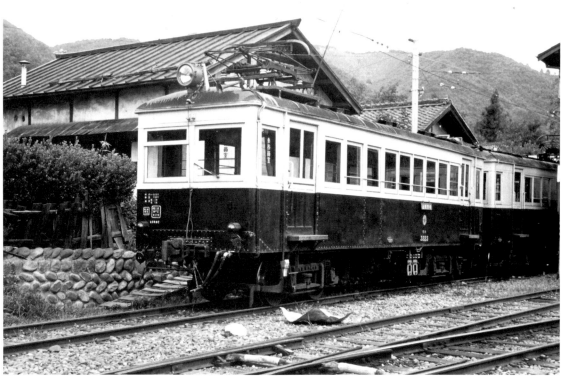

【モハ3220形（3223）】車体は元・飯山鉄道のガソリンカー、キハニだったので中扉を一つ埋めている。写真をよく見ると手前の窓3個と後の6個の窓で窓桟の太さが異なっている。◎丸子町　昭和37（1962）年2月　撮影：髙井薫平

【モハ3210形（3214）】
元・東横電鉄のモハ1形で戦後応援に
やってきた。2両が丸子線に所属し、
昭和32（1957）年にガソリンカーのエ
ンジンを下ろしたサハと組み合わせて
再登場するまで、木造車体のまま使用
された。
◎丸子町　昭和32（1957）年5月
撮影：齋藤晃

【モハ3220形（3223）】元・飯山鉄道の気動車の車体を利用した小型電車。丸子線では2両固定編成で使用した。
◎丸子町　昭和38（1962）年2月　撮影：髙井薫平

【モハ5261＋クハ261】
初代は元・伊那電気鉄道の木造車、伊那電気鉄道が好んで作ったダブルルーフの木造車デ100形だったが、デ120形では同じスタイルの半鋼製車も登場している。上田丸子電鉄に来てから運転台の居住性を高めるためか、客用扉を窓一つ分だけ車体中央に寄せている。のちに東急電鉄の戦災復旧車の車体を使って鋼体化された。
◎丸子町
昭和32（1957）8月（上・中とも）
撮影：齋藤晃

ことば解説　買収国電

　元私鉄電車で、国に買収され国有鉄道に編入された電車のこと。国鉄の標準型に対し「社型電車」とも呼ばれていた。ただし、明治39（1906）年、今の中央線になった国電の始祖、甲武鉄道からの車両は除外している。国有化された鉄道は非電化の鉄道が圧倒的に多いが、1936年（昭和11）年9月1日に国有化された広浜鉄道（可部線）が最初で、昭和12（1937）年の信濃鉄道（大糸南線）、昭和16（1941）年の富士身延鉄道（身延線）が続く。

　その後は戦時買収といわれるグループで、戦時体制に備えたものであった。それらの中で電化されてい

た鉄道は以下の通りで、それぞれ特徴ある電車が国有化された。戦時買収の車両は正式省形式に改めず、それぞれ雑型車両として別の形式ルールに基づいて付番された。それらの鉄道は以下のとおりである。

（カッコ内は国有化後の路線名）
宇部鉄道（宇部線）、富山地方鉄道富岩線（富山港線）、鶴見臨港鉄道（鶴見線）、豊川鉄道（飯田線）、鳳来寺鉄道（飯田線）、三信鉄道（飯田線）、伊那電気鉄道（飯田線）、南武鉄道（南武線）、青梅電気鉄道（青梅線）、南海鉄道山手線（阪和線）、宮城電気鉄道（仙石線）

【モハ5270形（5271 I ）】
元・伊那電気鉄道の買収の木造
電車モハ5261の台車、電気品と
東急電鉄から来たクハ3222の車
体と組み合わせて生まれた車
両。東急電鉄3200形の戦災復旧
車クハ3220形であるが、戦災復
旧の際に扉を移設していたので
そのまま使用した。クハ3220形
の連結側乗務員扉はなかった
が、新しく設けなかった。
◎丸子町　昭和37（1962）年
撮影：髙井薫平

【クハ271＋モハ5271の２両編成】
朝夕の通勤時間帯にはクハ271
を連結して２両編成になった。
◎丸子町　昭和37（1962）年７月
撮影：田尻弘行

【クハ270形（271）】
ラッシュ専用で使用されたこの
車両は、かつての東急電鉄クハ
3224の面影を残していた。やが
て屋根上のグローブ型通風機器
がなくなり、少し垂れ下がって
いた車体はきれいに直されて
いた。
◎丸子町
昭和37（1962）年７月
撮影：髙井薫平

【信越本線貨物列車と並走する】 D51の牽く貨物列車と並走するモハ5271の急行電車。この国鉄との並走区間は、丸子線廃止後、信越本線の複線化に線路敷を提供した。◎電鉄大屋～岩下　昭和36（1961）年8月　撮影：吉村光夫

【モハ4360形（4363）】モハ4360形は東急電鉄昇圧の際に改造されなかった3両がまとまって上田丸子電鉄入りしたが、単行運転で使用されることが多かったようだ。◎上丸子　昭和37（1962）年2月　撮影：髙井薫平

【モハ4360形（4361,62,63）】
元・東急電鉄デハ3100形（デハ3110,11,12）で、電動車として昇圧まで東急線に残った3両である。上田丸子電鉄で使用するにあたり、客用扉を窓一つ分移設する大工事を行っている。
◎昭和37（1962）年2月
撮影：髙井薫平

【モハ4360形（4363）】東急電鉄デハ3100形は上田丸子電鉄入りに際して客用扉を窓一つ移設し、運転台の環境はよくなったが、乗務員扉は設けず、窓を下降式に改めている。◎丸子町　昭和39（1964）年8月　撮影：髙井薫平

他社から来た小型電車

【モハ2320形（2321,2）】近江鉄道から来た小型半鋼製電車クハ23,25を自社で電装した。2段上昇式窓の近代的スタイルで、のちに丸子線でサハ41を挟んだMTM編成で活躍した。昇圧でお役御免になったモハ2321は銚子電鉄に転じた。
◎丸子町　昭和39（1964）年9月　撮影：髙井薫平

【モハ2322＋サハ41＋モハ2321】この車両は定員も少なく小型だったので単行で使われることは少なく、サハ41を挟んでMTMの3両編成になった。この時連結面には貫通扉が設けられた。
◎上丸子～丸子町　昭和39（1964）年8月　撮影：齋藤晃

【2両連結で使用されるモハ2322＋モハ2321】◎丸子　昭和38（1963）年2月　撮影：髙井薫平

【モハ2320形（2321）】単行で使用されていた頃のモハ2321。◎昭和37（1962）年8月　撮影：吉村光夫

【丸子町駅】大正7（1918）年に丸子鉄道が大屋から丸子町まで開通した際に開業。丸子町は明治中期から製糸業で栄え、丸子鉄道は貨物輸送も担っていた。昭和8（1933）年に鉄道省のバスが和田峠線を開業し、下諏訪方面への運行が始まって駅舎が改築された。バスがホームに入り電車に横付けされていた。駅舎は戦後の昭和29（1952）年にも改築されている。写真の左の看板は上田丸子電鉄「別所温泉、塩田町、富士山、上田原、大屋、上田方面行電車バスのりば」とある。「富士山」とあるのは山梨県・静岡県の富士山ではなく昭和36（1961）年に休止となった西丸子線の「ふじやま」のこと。右の国鉄バスのりばの看板は行き先の下に「所要時間美ヶ原1時間40分、白樺湖1時間30分、下諏訪2時間20分」と書かれている、看板のローマ字表記「ち」は、現在ではヘボン式で「CHI」と書かれるが、日本式で「TI」の表記。◎昭和40（1965）年3月　撮影：矢崎康雄

【霊泉寺温泉行の乗合バス】丸子町から鹿教湯温泉に行くバスで途中宮沢という停留所で降りる。しばらく待つとボンネットバスがやってきた。◎昭和27（1952）年5月　撮影：齋藤晃

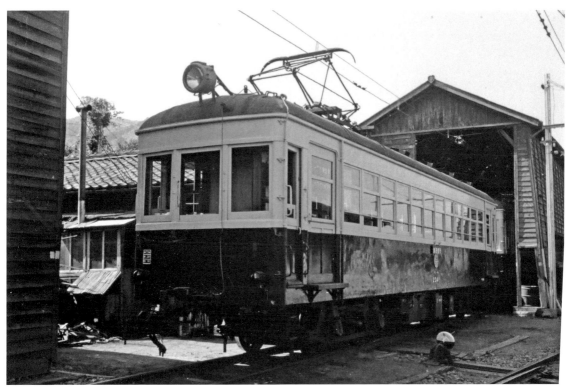

【モハ2340形（2341,42）】元・山梨交通のモハ7,8を山梨交通の廃止によって譲り受けた車両。もともと鉄道線車両のような車体の持ち主で、片運転台を撤去して固定編成になり、すんなりと丸子線に溶け込んだ。丸子線の廃止により、江ノ島鎌倉観光（現・江ノ島電鉄）に転じた。◎丸子町 昭和43（1968）年6月　撮影：田尻弘行

【モハ2342＋モハ2341の連結運転】丸子線の廃止後に移籍した江ノ島鎌倉観光では、前照灯を下に移して2灯式に改造、さらに客用扉を1か所増設して3扉車になった。◎上田東　昭和43（1968）年9月　撮影：吉村光夫

【EB4110形（EB4111）】丸子鉄道が電化の際、アメリカ・GE（ゼネラル・エレクトリック）社から購入した軸配置Bの凸型電気機関車。丸子線で貨物列車を牽引したが、国鉄からＥＤ251が入ってからは、別所線に転じ、上田原車庫の入替や農産物輸送で上田〜城下までの区間で貨物列車を牽いていたが、昭和50（1975）年に廃車となった。廃車されたのが惜しい車両の一つである。◎丸子町　昭和38（1963）年2月　撮影：髙井薫平

【EB4110形（EB4111）】連結した無蓋車に書かれた「上田丸子電鉄」の文字も今では貴重だ。
◎丸子町　昭和37（1962）年8月　撮影：吉村光夫

【ED2110形（ED2111）】丸子鉄道が昭和12（1937）年に新製したＢ２形、軸配置ＢＢの電気機関車である。坂元工業所という聞きなれないメーカーの生まれだが、制御装置はＧＥ、主電動機はＷＨ（ウェスティングハウス・エレクトリック）、台車はブリルといずれも舶来品である。合併後ED2111を名乗ったが、昭和37（1962）年に制御器を間接非自動制御に改造してED2211と改番された。◎丸子町　昭和32（1957）5月　撮影：齋藤晃

【ED2210形（ED2211）】ED2211は昭和37（1962）年に間接制御式に改造されたが、外観的変化はなかった。
◎丸子町 昭和39（1964）年8月　撮影：髙井薫平

上田市街を北東方向から撮影。上田丸子電鉄真田・傍陽線は、上田の街を囲んで線路が敷かれているのが一望できる。写真の上部左右には千曲川、下部左右に弧を描くように見える道路は国道18号。右下からのび国道18号と交差、千曲川方向に向かって伸びる道路は国道141号で正面が上田駅である。別所線は上田駅の国鉄下りホーム反対側の線から長野に向かって発車、真田・傍陽線は長野に向かって右手下り側にホームがあり、発車すると右に曲がり写真では黒く見える上田城の掘を進んだ。そ

ののち線路は矢出沢川を渡り、右にカーブ北上田駅がある。北上田から川原柳の間は写真の国土18号の下の一部に線路が見える。それを追って左に川原柳の駅があり、左にカーブした後の直線を進み真田方面に進んだ。また写真左手から国道18号に沿って上田の街に入り、上田東を終点とした丸子線の線路も見える。◎昭和41（1966）年9月15日　撮影：朝日新聞社

別所線

上田温泉電軌→上田電鉄→上田丸子電鉄→上田交通→上田電鉄と名を変え、現存する唯一の鉄道路線である。大正10（1921）年に上田から別所温泉など温泉場への足として開業した。大正13（1924）年に千曲川を渡る鉄橋ができて国鉄上田駅に乗り入れた。昭和18（1943）年10月、丸子鉄道と合併して総線路長4路線48kmを擁したが、現在は別所線11.6kmだけが残った。

地方ローカル電車として近代化に努め、昭和61（1986）年には1500Vに昇圧、かつての東急電鉄のエースたち（5000,5200,7200,1000系）が順次入線し、その車が老朽化したり冷房化の進捗などによって新しい中古車に置き換える方法で現在4代目になる。東急電鉄における1000系では多くが長編成で使用していたので、短編成化によって運転台付種車が不足してしまい、中間車に運転台取付車まで投入された。同時にVVVF制御車の導入による車両整備の効率化も図られるようになった。

【モハ5351とサハ61】別所温泉駅は今も同じようにホームは2面で、改札口から遠い反対側のホームにはトレーラーが止まっていた。◎別所温泉　昭和48（1973）年6月　撮影：髙井薫平

【別所温泉駅に近づく】別所線は舞田付近から登り勾配が続く。◎八木沢〜別所温泉　昭和48（1973）年6月　撮影：髙井薫平

ことば 解説 飯山鉄道

　大正6（1917）年に設立され、路線は千曲川（長野県での呼称）、信濃川（新潟県での呼称）に沿って走る現在のJR東日本飯山線、豊野〜十日町である。大正10（1921）年10月20日　信越線の豊野から飯山までが最初に開業した。全国有数の仏壇生産地の飯山はかつて信濃と日本海の物流拠点として栄えていたが、明治20年代に開通した信越線に先を越され衰退した。

　飯山鉄道は建設資金が乏しかったが、発電所建設の資材運搬などで、路線も徐々に延長、昭和2（1927）年11月6日に越後田沢まで開業。昭和4（1929）年9月1日に越後田沢 〜十日町間が開業、2年前の昭和2 （1927）年に省線十日町線として開業した十日町〜越後川口間と合わせて現在の飯山線の路線が全通して形成されている。飯山鉄道が国に買収され飯山線になったのは昭和19（1944）年6月1日で、蒸気機関車6両、気動車7両のほか客車7両、貨車28両が引き継がれた。

【上田原駅でのモハ5250形同士のすれ違い】別所線にはもともと方向板はなかったか、1列車に1枚が使用されるようになった。
◎上田原　昭和48（1973）年６月　撮影：髙井薫平

【モハ5250形（5251）】モハ5250形は上田丸子電鉄の前身の一つ、上田電鉄が昭和３（1928）年に日本車輌に発注し製作された。
当時の形式はデナ200形といい、３両が製造された。丸窓は昭和初期の車両の戸袋部分に設けられ、当時の流行であちこちの
地方私鉄に見られたが、みな淘汰されてしまい、上田丸子電鉄のこの車両が最後まで残った電車であった。現在も別所温泉
駅構内、長野計器、さくら国際高等学校にそれぞれ保存されている。◎上田　昭和48（1973）年６月　撮影：髙井薫平

【モハ5350形】◎下之郷　昭和48（1973）年6月　撮影：髙井薫平

気動車改造の車両たち

　戦後の上田丸子電鉄の車両整備は燃料不足で失職していたガソリンカーを活用することに注力した。それらの種車の多くは自社のものではなく国鉄で余剰になっていた買収私鉄のガソリンカーや、戦後電化した相模鉄道で電化後電車のトレーラーになっていたガソリンカーを集めることとなった。上田丸子電鉄各線で附随車として再生し、すでに制御車として使用されていた元相模鉄道の車両は制御車として使用された。

【クハ250形（252）】相模鉄道のクハ1501,02を昭和31（1956）年に譲り受けた。写真のクハ252は流線形であったが、のちに2枚窓に改造された。◎上田　昭和39（1964）年6月　撮影：田尻弘行

【クハ270形（272,273）】
相模鉄道のクハ2501,05を譲り受けたもので、もともとは東横線で短期間走った急行用のガソリンカーである。特徴ある流線形は相模鉄道時代に乗務員扉新設とともに半流タイプに改造されている。台車は気動車当時のものを使用していた。
◎別所温泉
昭和49（1974）年11月
撮影：髙井薫平

【サハ41】
元・飯山鉄道のキハ101の払い下げを受け、ぶら下がりのトレーラとして使用したのち、貫通路を増設して丸子線で3両編成として使用。丸子線の廃止後は再び別所線に転籍し、ぶら下がりのサハとして再登場した。
◎別所温泉
昭和48（1973）年6月
撮影：髙井薫平

【サハ20形（24）】
サハ21〜25は県下の飯山鉄道からの買収気動車であった。現車はキハニだったので、荷物室の扉を含め3扉車であったが、中央寄りの1か所を塞いで2扉車になっている。
◎上田　昭和39（1964）年6月
撮影：田尻弘行

【サハ20形（22Ⅱ）】
昭和42（1967）年の逸走事故で廃車になった初代サハ22の代車として、かつて西丸子線で使用していたモハ3122の車体と手持ちの台車を組み合わせた2代目サハ22が登場した。ただ菅平線廃止の前に別所線に移動し、しばらく使用された。
◎上田
昭和46（1971）年8月
撮影：亀井秀夫

上田丸子流の車両近代化

【モハ5360（5362）】元・信濃鉄道のモハ20形の払い下げを受け、木造車体のまま単行もしくはMM編成で使用された。
◎上田原　昭和33（1958）年10月　撮影：髙井薫平

【信濃鉄道が発注した木造電車】窓枠の上隅に小さな丸みついた上品な車両だった。のちに元・小田急電鉄の車体と組み合わせて鋼体化、旧車体はかなり長い間倉庫になっていた。◎上田原　昭和33（1958）年10月　撮影：髙井薫平

【モハ5370形(5371,5372)】昭和35(1960)年に小田急電鉄のクハ1650形の更新旧車体を譲り受け、ドア位置を窓1個分だけ内側に移す工事を東横車輌碑文谷工場で行った後、木造車体と交換して鋼体化した車両、1500Ｖ昇圧まで使用された。
◎大学前〜下之郷　昭和39(1964)年8月　撮影：田尻弘行

【モハ5370形(5372)】小田急時代デハ1600形電動車に比べてスタイルはかなり見劣りする電車だったが、別所線昇圧まで主力として活躍した。◎上田原　昭和39(1964)年8月　撮影：髙井薫平

他社からやってきた車両たち

【別所温泉駅を望む】別所線の電車が勾配を目いっぱい登りきったところが別所温泉駅の構内になっていた。
◎別所温泉　昭和34（1964）年5月　撮影：田尻弘行

【サハ60形（62）】
旧ガソリンカーのトレーラーの代わりに東急電鉄サハ3350形4両が入線した。2両だけがサハ60形に改造されて活躍したが、他の2両は伊予鉄道でサハ500形となった。
◎別所温泉
昭和34（1964）年5月
撮影：田尻弘行

【クハ290形（291）】
東急電鉄5000系のサハ5350形に運転台を取り付け、別所線に投入された。フラットな妻面に大きな貫通路を利用した大きな窓を取り付けた斬新なデザインで、アオガエル変じて「平面カエル」と呼ばれて人気者になった。
◎別所温泉
昭和34（1964）年5月
撮影：田尻弘行

「平面カエル」と「丸窓電車」
クハ291はもともと軽量車体の持ち主だったので、古参のモハ5250形の相手を務めるには最適の選択であった。
◎別所温泉
昭和34（1964）年5月
撮影：田尻弘行

【元・長野電鉄と平面カエルの編成】長野電鉄から4両が移ってきたが、すでに1500Ｖ昇圧の計画が進んでおり、この編成が見られた期間は短かった。◎八木沢～別所温泉　昭和34（1959）年　撮影：高井薫平

【デハ3310、クハ3661、クハ3773】
朝のラッシュ対策用として昭和50（1975）年に東急電鉄から貸与された。MT編成で上田〜中塩田間限定の運用だった。その後正式に譲渡されたが塗色も車両番号も東急時代のままであった。その後、クハ3661の老朽化が目立ち始め、新たに昭和58（1983）年クハ3772を譲り受けて1500V昇圧時まで使用された。
上：デハ3310◎上田　昭和55（1980）年5月　撮影：髙井薫平
中：クハ3661◎中塩田　昭和55（1980）年5月　撮影：髙井薫平
下：クハ3772◎昭和61（1986）年5月　撮影：髙井薫平

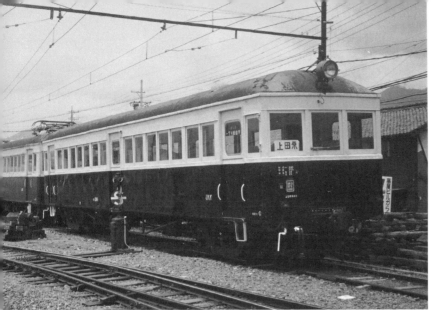

【クハ260形（261Ⅱ）】
長野市内地下化により失職した
長野電鉄の一部の車両が昇圧前
の上田にやってきた。
◎昭和58（1983）年4月
撮影：髙井薫平

【モハ5270形（5271Ⅱ）】
長野電鉄の元モハ612。
◎上田　昭和58（1983）年6月
撮影：髙井薫平

【モハ4250形（4257）】
富士山麓電鉄のモハ501である。
このモハ4257は複電圧対応だっ
たので、真田・傍陽線の廃止後
は別所線に転じてしばらく使用
したのち、富士急行に里帰りし
てモハ1として復元、河口湖駅
前に保存されている。
◎上田　昭和58（1983）年12月
撮影：矢崎康雄

【別所温泉行電車から上田原構内を望む】
電車が上田原に近づくと左手に車庫の構内が広
がっていて、いろいろな車両たちが出迎えてく
れる。一番左に足をとられた元・前泊のガソリ
ンカー、その隣は長野電鉄から最近やってきた。
電気機関車は廃止になった丸子線からやってき
た。その後ろに東急から来たクハ3773が隠れて
いる。電車は一番右側の線路を通って駅に入る。
建屋の中では丸窓電車が整備中だ。
◎上田原　昭和61（1986）年5月
撮影：髙井薫平

丸子線から転入した電気機関車

【EB4110形（EB4111）】丸子線の廃止により2両の電気機関車が別所線に転属してきた。地元の農産物輸送用に不定期の貨物列車が設定されていた。◎上田原　昭和58（1973）年6月　撮影：髙井薫平

【ED250形（ED251）】丸子線の輸送力増強のために国鉄富山港線からやってきた。元・国鉄とはいえ、元・宇部鉄道の小型機関車だ。上田丸子電鉄には縁の薄い機関車だが、現在丸子町の工業100年記念公園に保存されている。
◎上田原　昭和48（1973）年6月　撮影：髙井薫平

【EB4111の牽く貨物列車】ワム1両を牽いていく。◎上田原　昭和43（1968）年9月　撮影：吉村光夫

【ED251牽引の貨物列車が到着】こんなに荷物があったとは懐かしくもあり驚かされる光景である。
◎上田　昭和50（1975）年7月　撮影：矢崎康雄

西丸子線

現在、別所線の下之郷には車両基地ができ、ホーム上にちょっとした事務所もあって別所線の中枢になっているが、かつてここから丸子町に至る西丸子線という支線が出ていた。丸子町は養蚕で栄えたこの地方の中心地の一つだが、鉄道から遠く離れていたので鉄道建設が待望されていた。すでに信越本線の停車駅だった上田市の地位は高く、丸子町の有力者が中心になって鉄道建設を計画するが、それより早くすでに別所温泉に至っていた上田温泉電軌は、その途中駅下之郷から丸子町に至る路線建設認可を得ていた。結局2社の競願の形になったが、上田温泉電軌の路線は途中二ツ木トンネルと依田川鉄橋という比較的長い鉄橋の建設などがあり、丸子町に達したのは後から認可を受けた丸子鉄道のほうであった。

丸子鉄道の上田駅は国鉄駅から遠く離れ、途中大屋の駅では列車の方向が変わるなど不利な条件もあったが、所要時間では大屋乗り換えで30分、上田東～丸子町が40分前後、上田温泉電軌は下之郷乗り換えで40分以上と丸子鉄道がやや有利であった。また上田温泉電軌は西丸子線に積極的でなく、ポール集電、車両も廃止した青木線で使用していた2軸単車を使用、その後パンタ集電に変わったもののポールを付けた2軸電車も予備車としてしばらく残っていた。丸子町の駅は丸子鉄道と少し離れていて高低差もあり、最後まで統合されることはなかった。

【依田川鉄橋を渡る
ガソ改造電車モハ3122】
戦後あちこちで使用されないまま放置同然だったガソリンカーの車体と、老朽化した木造電車を組み合わせた車両。この車両は元・丸子鉄道のガソリンカー。
◎川端～寿町　昭和32（1957）年3月
撮影：齋藤晃

【モハ3210形（3212）】西丸子線は緩い丘陵地帯を縫うような線形で、山肌に沿ってカーブの続く日本の原風景の中を走っていた。◎昭和32（1957）年３月　撮影：齋藤晃

【西丸子の駅に停車中のモハ3212】西丸子線の終点西丸子駅。西丸子線は上田温泉電軌により大正15（1926）年8月12日に開業した。電車は南に向かって到着する。この写真の左半分だけ見ると風格のある建物であるが、何の建物なのか分からない。ほとんどの駅にあるような駅名看板が見えない。また、上部の白壁は、戦時中には黒く塗られていたという。丸子鉄道の丸子町とは依田川をはさみ500mくらいの距離で、高低差も2〜30mあったという。
◎西丸子駅　昭和32（1957）年3月　撮影：齋藤晃

【モハ3120形（3121）】
東急電鉄から来た木造車モハ1形の電気品や台車と、戦時中に営業を廃止した善光寺白馬電鉄のガソリンカーゼハ101の車体を組み見合わせて生まれた。
◎下之郷
昭和30（1955）年10月
撮影：髙井薫平

【モハ3120形（3122）】
モハ3121と同様に木造電車モハ1形の台車、電気品などとトレーラーとして使用していた元ガソリンカーの車体を組み合わせた上田丸子電鉄お得意の電車。このモハ3122は丸子電鉄が万一の停電に対処して用意したガソリンカーキハ1が前身である。なお、この車両は西丸子線の廃止で失業していたが、菅平線で事故廃車されたサハ22の2代目として現場復帰した。

【モハ3212】
元・目黒蒲田電鉄（東急電鉄）の車両だが、神中鉄道を経て上田丸子電鉄入りした。車端に寄っていた扉は上田丸子電鉄に来てから窓1個分移動している。電気品を譲った車体は越後交通に譲渡された。
◎下之郷
昭和30（1955）年8月
撮影：園田正雄

青木線の車両

上田の国鉄駅の千曲川を渡った対岸の三好町から青木町まで10km余りを走っていた路面電車で、大正10 (1921) 年に開業、大正14 (1925) 年には千曲川に鉄橋もかかった。開業に際して東京の玉川電車の2軸単車を譲り受けて使用した。その後、上田原から分かれて別所温泉に至る鉄道線が主体となって、昭和13 (1938) 年7月に青木線は廃止となった。青木線廃止で使い道を失った単車の多くは廃車になったが、うち3両が西丸子線で使用されることになった。3両のうちモハ1111はオープンデッキの車体を作り直したが1112.3はオープンデッキ、バッファー式付き。簡単な螺旋式連結器のままだった。

【モハ1110形 (1111)】
玉川電車から来た10両を超えるオープンデッキの単車のうち、モハ1111は自社工場で扉付き車体に改造された。改造の際バッファーをやめて自連に交換したので、上田原の車庫の入れ替え用として長命だった。
◎上田原
昭和33 (1953) 年8月
撮影：藤田幸一

【モハ1110形 (1112)】
青木線の生き残りだが、西丸子線の予備車として上田原に待機していた。
◎上田原　昭和30 (1955) 年8月
撮影：園田正雄

【モハ1110形 (1113)】
モハ1112とともに上田原で待機している。
◎上田原　昭和38 (1963) 年8月　撮影：藤田幸一

【モハニ4250形】モハニ4250形という形式番号の車両は３種類に分かれる。これは上田丸子電鉄の形式付与基準で生まれた矛盾である。モハニ4251〜4は真田・傍陽線開業に合わせて作られた車両で丸窓も付いていた。
◎本原　昭和39（1964）年８月　撮影：髙井薫平

【モハニ4250形（4251）】モハ4251の旧塗装時代。丸窓も1段下降窓も健在の頃。
◎昭和27（1952）年２月　撮影：齋藤晃

真田・傍陽線

真田・傍陽線は上田駅の東側から発着し、上田城の堀跡などを使って向きを変え、山に向かっていた上田丸子電鉄唯一の1500V路線であった。上田温泉電軌の手によって昭和2（1927）年に開業、昭和3（1928）年に全通した。北東線と名付けられたこの路線はもともと上田温泉電軌としてはあまり建設に積極的でなかったというが、上田市や沿線町村の誘致活動は積極的だったといわれる。将来的には群馬県方向への延伸など観光路線も視野に入れていた。

昭和14（1939）年に上田電鉄となった際、路線名を菅平鹿沢線と改めたのも観光路線へ夢の実現があったのかもしれない。しかし道路の整備が進み、観光バスや自家用車による観光地への移動手段に抗すること出来ず、昭和35（1960）年には真田・傍陽線と改称したものの、昭和45（1970）年に廃止申請、昭和47（1972）年に全線が廃止された。

上田丸子電鉄は特有の形式番号付与ルールのため、まったく出自の異なる4250形を名乗る電車が3形式7両存在していたことが面白い。

【モハニ4250形（4251）】更新工事で1段下降式窓は2段上昇式に代わり、荷物室の丸窓も普通のものに変わっている。
◎本原　昭和37（1962）年2月　撮影：髙井薫平

【モハ4250形（4251）】真田・傍陽線開業の際に用意された4両の電動車。下降式の窓が並ぶが荷物室には楕円形窓が一つ付いていた。◎本原　昭和39（1964）年8月　撮影：髙井薫平

【モハニ4250形（4253）】◎本原　昭和39（1964）年8月　撮影：髙井薫平

【モハニ4250形（4254）】車体更新で側窓は２段上昇式に改造、楕円窓もなくなった。
◎上田　昭和44（1968）年８月　撮影：髙井薫平

【貨車を牽くモハニ4250】真田・傍陽線が開業した際、相当の貨物輸送を想定して電気機関車も用意していたが、予想が大幅に外れて機関車は他に売却し、以来、電車による貨車の牽引が日常化した。
◎元原付近　昭和39（1964）年８月　撮影：髙井薫平

【トラスを組み上げた鉄橋を渡るモハニ4250形】◎伊勢山～殿城口　昭和39（1964）年8月　撮影：田尻弘行

【モハ4260形（4261）】東武鉄道からやってきた戦後の供出車両の一つ。入線当時はモハ1001を名乗ったが、その後モハ5361に改番、制御機器を変更してモハ4261になった。なお東武鉄道では、総武鉄道（現在の東武野田線）からの引き継ぎ車だったので、東武鉄道では異端であり、供出車両の対象としてあちこちに散っている。モハ4261は真田・傍陽線廃止後は弘南鉄道に転じて大鰐線に所属した。◎上田　昭和42（1967）年12月　撮影:髙井薫平

【モハ4250形（4257）】モハ4257は富士山麓電鉄のモハ501である。この車両は複電圧対応だったので、真田・傍陽線の廃止後は別所線に転じてしばらく使用したのち、富士急行に里帰りしてモハ1として復元、河口湖駅前に保存されている。
◎上田　昭和39（1964）年8月　撮影：髙井薫平

【モハ5360形（5361）】東武鉄道からやってきた当初はモハ5361を名乗っていたが、昭和39（1964）年に制御器を電動カム軸式から電空単位スイッチ式に変更してモハ4261になった。◎昭和34（1959）年11月　撮影：田尻弘行

【モハ4250形（4255,56）】昭和28（1953）年に国鉄から払い下げを受けた元・鶴見臨港鉄道モハ114,118（国鉄モハ1501,04）である。真田・傍陽線の廃止後、写真のモハ4255は弘南鉄道に転じた。◎昭和37（1962）年8月　撮影：吉村光夫

【サハ20形（23）】
上田　飯山鉄道の買収気動車キハニ1形で入線後中扉を塞いだ。扉の窓桟が縦は珍しい。
◎昭和39（1964）年
撮影：田尻弘行

【サハ40形（42）】
上田　上のサハ22と同様飯山鉄道のキハ102を譲り受けた。台車は相模鉄道のキハ5の菱枠型台車を装着した。この車にはサハ41には無い窓の保護桟が有った。
◎昭和39（1964）年
撮影：田尻弘行

ことば解説 善光寺白馬電鉄

　昭和2（1927）年11月19日に長野〜北城村（ほくじょうむら）を結ぶ目論見で長北鉄道が認可された。北城村はのちの白馬村で、大糸南線開業時の駅は信濃四谷、現在の白馬である。長北鉄道は翌年、善光寺白馬電鉄に名称変更。昭和4（1929）年11月10日に会社を設立している。しかし折からの大不況で社名とは裏腹に動力を電気からガソリンに変更。旅客車は2両のガソリンカーで、昭和11（1936）年11月22日に長野駅から線路沿い数百メートル南にあった南長野駅を基点として善光寺温泉まで6.5kmが開業、当初は仮駅で12月26日から本駅で営業した。

　昭和17（1942）年12月17日には次の駅、裾花口（すそばなぐち）まで開通。しかし第二次大戦が激化、昭和19（1944）年1月11日に急遽休止に追いやられ、線路は南方へ供出された。戦後は終点付近が裾花ダム建設で水没となり、路線は復活されることもなく昭和44（1969）年7月に廃止の届けが出された。しかしこの会社自体は現在も存続しており、「ゼンパク」の名前で親しまれ、長野県でトラック輸送や倉庫、物流業などを行っている。本社は南長野駅の跡地にある。

真田駅構内。◎昭和43（1968）年9月　撮影：吉村光夫

【サハ20形（28）】書類上は自社工場で昭和33（1958）年に新造されたことになっているが、実際は江ノ島鎌倉観光（現・江ノ島電鉄）が昭和11（1936）年に製造した納涼電車（通称網電）の車体を一般車に改造したデハ201の空き車体を廃車後譲り受け、手持ちの台車と組み合わせて作られた車両。ただ車体は大改造されたのか、新たに作り直したのか、遠い昔に鎌倉駅で見た江ノ電時代の面影はなかった。◎昭和45（1969）年4月　撮影：矢崎康雄

【上田原駅】時は天文17年2月14日（太陽暦は1548年3月23日）北信濃の攻略を目指す甲斐国の武田晴信（後の信玄）と東信濃の勇将・村上義清とが激戦。甲州軍は大敗、ずっと勝ち進んできた信玄が多くの重鎮（じゅうちん）を失い最初の敗北をしたのが「上田原の戦い」、古戦場の碑が駅の北西約1kmにある。上田駅から千曲川の対岸の三好町（みよしちょう）（今の城下）から青木に至る本線と、ここ上田原から左、南方向に分岐、別所に至る支線が上田温泉電軌により大正10（1921）年に開業した。開通当初、三好町～上田原～青木は道路併用区間が多く上田原～青木間は昭和13（1938）年に廃止になった。急曲線緩和、線路の移設などが行われ専用軌道に変わっていくなか、上田原の駅は何回か位置が変わっている。ここ上田原は長い間、車庫があったが昭和61年（1986）年10月1日に下之郷へ移転、また上田原駅が現在の場所へ移転したのは平成4年（1992）年11月8日である。◎昭和42（1967）年5月　　撮影：荻原二郎

【国鉄上田駅】上田駅の開業は、明治21（1888）年8月15日に官営鉄道の長野〜上田が開通した時である。信越本線は直江津から線路が伸び、同じ年の12月1日に上田から軽井沢まで、5年後の明治26（1893）年にアプト式で碓氷峠が開通して、高崎、上野とつながった。上田温泉電軌は大正13（1924）年に千曲川の鉄橋が完成し上田駅に乗り入れた。写真撮影当時、別所線は信越本線下りホーム反対側の線路から長野方向に発車し左にカーブし千曲川の鉄橋を渡った。真田・傍陽線（さなだそえひせん）は昭和2（1927）年に開業、長野に向かって右前方にホームがあり、昭和30（1955）年からは電鉄上田駅として国鉄とは別の改札口が設けられた。しかし、昭和47年（1972）年2月19日に路線が廃止された。
◎昭和42（1967）年5月　撮影：荻原二郎

【別所温泉駅】大正10（1921）年上田温泉電軌により開業。駅名は当初は別所、大正13（1924）年に信濃別所、昭和5（1930）年に別所温泉になった。ローマ字の駅名、社紋のついた駅舎は昭和25（1950）年に改築されたものだが写真の撮影時点ではあまり手入れが行き届いていない。現在このレトロな駅舎は整備され、別所温泉観光協会の簡易委託駅となり、「観光駅長」名義の美人女性職員がレトロな袴姿で応対している。この駅舎は平成29年度の上田市都市景観賞に選ばれた。写真撮影時は頭端式ホーム2面2線だったが今はホーム1面1線になっている。◎昭和48（1973）年12月　撮影：矢崎康雄

【西丸子駅】西丸子線の終点西丸子駅で発車を待つ3212。3212は目黒蒲田電鉄（現在の東急電鉄）、デハ1形デハ5、デハ1形は、東急時代末期は大井町線などにいた。上田丸子電鉄にきた大半は神中線（現在の相模鉄道）に転属してから、ここにやってきている。◎西丸子　昭和32（1957）年3月　撮影：齋藤晃

【真田駅】真田は甲斐の国の武田氏家臣から戦国大名になった真田氏発祥の地である。上田温泉電軌により昭和3（1928）年5月1日に開業。リゾート開発が進む菅平高原への入り口で、ここ終点から先へはバスに乗り継いだ。当初は野菜など貨物輸送も見込まれたものの、いずこも同じでやがてトラック輸送に移って衰退していった。真田・傍陽線は昭和47（1972）年2月19日に廃止。写真は廃止の前年の撮影、駅舎はあまり手を加えられていないように見える。真田町は昭和33（1958）年にできた町名で、平成18（2006）年から上田市の一部になっている。◎昭和46（1971）年6月　撮影：荻原二郎

3章
長野電鉄

【湯田中近くを走る特急2000系B編成】スキー客や温泉客を乗せて終着の湯田中に近づく特急電車。
◎湯田中　昭和37（1962）年12月　撮影：高井薫平

長野電鉄のあらまし

長野電鉄は地方の中堅都市の私鉄で、富山市の富山地方鉄道によく似ている。大正11 (1922) 年に河東鉄道として屋代～須坂間を蒸気鉄道が開業、昭和9 (1934) 年には早くも電化に踏み切っている。大正14 (1925) 年には木島、昭和2 (1927) 年には志賀高原の玄関口である湯田中まで開通、昭和元 (1926) 年には須坂と長野を結ぶ長野電気鉄道と合併して長野電鉄が成立した。長野電気鉄道は河東鉄道の子会社として設立した会社であった。長野電鉄として志賀高原を控え長野盆地に広く路線を広げていたが、21世紀にはいると不採算路線は切り捨てられ、現在は長野と湯田中を結ぶ1路線だけになっている。

電化と同時に蒸気時代の木造客車の電車化と半鋼製中型ボギー車を新造した。すべて自社発注の車両であり、買収国電の木造車や都会からの譲受車が走り出したのは戦後のことである。昭和32 (1957) 年には湯田中温泉に観光客を運ぶため、WN駆動の特急用クロスシートカーを新造した。また、OSカーと称する20m、4扉の通勤通学型電車まで登場させている。座席指定の特急電車は最初の自社発注車は無くなった現在も、廃車になった大手私鉄やJRの車両をよみがえらせて健在である。

かつて長野電鉄の長野駅は地上にあった。面白いのは国鉄構内に通じる通路があってこれによってホームは分離していた。列車の編成が長くなったため、必然的にホームが延長されたのだが、この踏切のためホームの前方向に行くにはホーム先端が階段になっていて、一度地上に降りて踏切を歩き、再び階段を上ってホームの先頭部に行かねばならなかった。この不思議なホームは昭和56 (1981) 年3月1日に線路の地下化が完成して姿を消した。昭和30年代から長野市地下線開業までの間、長野電鉄は中堅の地方都市の鉄道として輝いていた時代といえる。

長野鉄道にはかつて4つの路線が存在した。信越本線の長野から長野市のシンボル的存在である善光寺の近く善光寺下駅といういかにも信濃の国らしい名の駅を抜け、信越本線を越え、道路併用橋の村山橋で信濃川を渡って須坂に至る。須坂に到着する手前こせこせとしたカーブで須坂の構内に入っていくのは、須坂から長野までの区間はあと

から作られた路線だからだ。逆に堂々とした線形で入ってくるのが須坂から屋代に至る区間で、大正11 (1922) 年6月に開業したかつての河東鉄道でありこちらの方が本線であった。河東鉄道はその後信州中野を経て木島まで開業する。長野市に向かう区間は長野電気鉄道という河東鉄道の子会社によって大正11 (1926) 年6月にとりあえず権藤まで開業、まだ信越本線の長野駅までは達しなかった。この年9月河東鉄道は長野電気鉄道と合併し、社名を長野電鉄と改めた。翌昭和2 (1927) 年4月には信州中野から分かれて湯田中に至る区間が開通し、さらに昭和3 (1928) 年6月に待望の国鉄長野駅への乗り入れが完成、ここに長野電鉄の最盛期の路線が完成をみた。かつて河東鉄道の区間であった屋代～須坂～信州中野～木島の区間は河東線と呼ばれた時代もあったが、長野～信州中野～湯田中の区間が本線的存在になり、特に信州中野～木島間は木島線とよばれるようになり、屋代～須坂間に河東線という呼び名が残ったといえる。

昭和32 (1957) 年に登場した地方私鉄には珍しかった有料特急列車も長野～湯田中間に設定され、河東線は上野からの国鉄直通列車のルートにはなったもののだんだん影が薄くなっていく。河東線のすぐそばには高速道路の長野インターチェンジも完成した。かつては真田氏の城下町でもあり、第二次世界大戦の末期、軍の大本営の疎開地として大規模な工事が始まっていた松代の町は、歴史的建造物も多い。松代の駅も歴史的建造物の仲間入りをしたようだが、鉄道が消えた現在、鉄道好きの足は遠のいたようだ。

信州中野から木島に至る通称木島線の線名は河東線である。つまり河東鉄道として屋代から線路を延ばした河東鉄道はまず須坂まで、さらに信州中野まで延長してさらに大正14 (1925) 年7月に木島まで全通する。そして信州中野から湯田中に至る山の内線が開通すると、長野～湯田中間の列車設定が主体となり、本来の河東鉄道区間は須坂～信州中野間を残して分断され、あたかも二つの支線のような形になり、相次いで廃線になってしまう。

木島は野沢温泉への入り口でもあったが近年はJR飯山駅のほうが便利なようだ。国鉄末期に戸狩

駅を戸狩野沢温泉駅と改称、野沢温泉最寄り駅を名乗っていたが、北陸新幹線の飯山駅ができてからは野沢温泉の玄関口は飯山に移った。かつて、野沢温泉の玄関は長野電鉄木島であり、木島からバス連絡もあり、一時期長野から特急電車の設定もあった。

長野方は途中朝陽駅まで6.3kmが開業時から複線になっていて運転本数も少なくなかった。地方私鉄の複線区間というのは極めて珍しく、富山地方鉄道の富山〜稲荷町、えちぜん鉄道の福井〜福井口、叡山電鉄の出町柳〜宝ヶ池ぐらい（路面電車

は除く）で、長野電鉄がいかに長野市の交通手段として重要度が高かったかを物語っている。

長野市の都市計画において長野冬季五輪開催の問題などもあって、長野都市圏の大動脈として位置付けられ沿線の開発も進み、その一端としての地下化も行われた。また長野市と須坂市・中野市を結ぶ都市間路線としての機能も強くなっていたが、道路の整備が進み、自家用車に通勤の足は移って近年は不採算路線の切り捨ては一段落したものの鉄道経営はさらに厳しくなっていると聞く。

貨物列車が運転されていた長野電鉄。貨車1両程度を普通電車の後部に連結する姿に出会うこともあった。
◎信濃竹原〜夜間瀬　昭和39(1964)年9月　撮影：今井啓輔

長野電鉄の年表

大正8 (1919) 年10月19日	須坂など千曲川右岸の河東地区の町村を中心に「信越河東鉄道期成同盟会」が結成される。
大正8 (1919) 年12月22日	佐久鉄道が屋代〜須坂間の地方鉄道敷設免許を出願する。
大正9 (1920) 年1月22日	信越河東鉄道期成同盟会と佐久鉄道が第1回協議会 (18日) に続いて第2回協議会を開催。共同で河東鉄道を設立する方針が決定する。
大正9 (1920) 年5月3日	佐久鉄道が屋代〜須坂間の免許を取得する。
大正9 (1920) 年5月30日	河東鉄道の創立総会が開催。佐久鉄道の神津藤平が社長に就任する。
大正9 (1920) 年7月10日	河東鉄道が須坂〜木島〜七ケ巻間、七ケ巻〜十日町間の地方鉄道敷設免許を出願。26日に中野〜湯田中〜平穏 (渋安代) 間を追加出願する。
大正9 (1920) 年9月6日	河東鉄道が佐久鉄道から屋代〜須坂間の免許を譲受する。
大正10 (1921) 年5月26日	河東鉄道が須坂〜木島間、中野〜湯田中〜平穏間の敷設免許を取得する。
大正11 (1922) 年6月10日	河東鉄道の屋代〜須坂間が蒸気動力で開業する。東屋代、雨宮、岩野、松代、金井山、町川田 (現・信濃川田)、綿内、井上の各駅が開業。
大正12 (1923) 年3月26日	河東鉄道の須坂〜信州中野間が延伸開業する。豊洲 (現・北須坂)、小布施、延徳の各駅が開業。
大正12 (1923) 年4月30日	長野電気鉄道が長野 (錦町) 〜須坂間の地方鉄道敷設免許を申請し、6月22日に交付される。
大正12 (1923) 年11月25日	長野電気鉄道が創立総会を開催。河東鉄道の神津藤平が社長を兼務する。
大正13 (1924) 年8月7日	長野電気鉄道が権堂〜上山田 (戸倉付近) 間の地方鉄道敷設免許を出願する。
大正14 (1925) 年7月12日	信州中野〜木島間 (後に廃止) が延伸開業し、河東鉄道が全通する。
大正15 (1926) 年1月29日	河東鉄道が全線を直流1500Vで電化する。
大正15 (1926) 年4月21日	千曲川に架かる村山橋 (柳原〜村山間) が完成する。
大正15 (1926) 年6月28日	長野電気鉄道の権堂〜須坂間が開業。善光寺下、本郷、桐原、吉田町 (現・信濃吉田)、朝陽、柳原、村山、日野の各駅が開業。
大正15 (1926) 年9月30日	河東鉄道と長野電気鉄道が合併し、長野電鉄が発足する。
昭和2 (1927) 年4月28日	信州中野〜湯田中間の平穏線が開業する。中野松川、竹原 (現・信濃竹原)、夜間瀬、上条の各駅が開業。
昭和2 (1927) 年8月27日	平穏線が山ノ内線に改称する。
昭和3 (1928) 年6月8日	長野電鉄が「川中島線」長野〜八幡間の地方鉄道敷設免許を取得する。
昭和3 (1928) 年6月24日	長野線の権堂〜長野間が延伸開業する。緑町駅 (後に廃止)、錦町 (現・市役所前) 駅が開業。
昭和3 (1928) 年8月2日	長野電鉄が上林温泉に仙壽閣上林ホテルを開業。同年冬にはホテル裏側の斜面を整備し、上林スキー場を開設。
昭和3 (1928) 年10月11日	都住駅が開業。
昭和6 (1931) 年7月10日	湯田中〜渋安代間の鉄道敷設免許が失効する。
昭和6 (1931) 年9月	長野〜湯田中間で急行を運転する (1944年まで)。
昭和9 (1934) 年5月24日	象山口駅が開業。
昭和12 (1937) 年1月	長野〜湯田中間に省線客車が乗り入れ開始。7月17日には屋代経由に変更する。
昭和22 (1947) 年12月27日	連合国軍が上林ホテルを接収する。
昭和24 (1949) 年3月28日	桜沢駅が開業。
昭和24 (1949) 年5月10日	湯田中〜渋安代間の鉄道敷設免許を再度取得する。
昭和25 (1950) 年7月	戦争で中断していた国鉄客車による上野〜屋代〜湯田中間の直通列車が再開 (季節運転)。
昭和26 (1951) 年11月13日	大室駅が開業。
昭和27 (1952) 年10月1日	長野〜湯田中間の急行が復活する。
昭和27 (1952) 年11月25日	木島〜瑞穂村関沢 (現・飯山市内) 間の地方鉄道敷設免許を取得する。
昭和31 (1956) 年5月15日	信濃吉田〜朝陽間が複線化する。
昭和32 (1957) 年3月15日	長野〜湯田中間で特急運転を開始する。
昭和33 (1958) 年5月13日	湯田中〜渋安代間の鉄道敷設免許が再び失効する。
昭和34 (1959) 年11月19日	2000系特急車の第3編成 (C編成) を新造する。
昭和35 (1960) 年4月11日	戦時中に休止されていた豊洲駅が、北須坂駅に改称して営業再開。
昭和37 (1962) 年3月1日	上野〜屋代〜湯田中間で、国鉄キハ57形2両編成による急行「志賀」「丸池」各1往復が運転を開始する。
昭和37 (1962) 年3月1日	長野〜木島間で特急「のざわ」1往復が運転を開始する。
昭和37 (1962) 年9月15日	信州中野発大阪方面行のリンゴ出荷専用貨物列車「やまさち号」が運転開始。収穫期にあたる10月31日までの毎日、15両編成で運転する。
昭和38 (1963) 年7月12日	木島〜関沢間の免許を取り下げる。
昭和38 (1963) 年10月1日	国鉄信越本線の電化に伴い、上野〜湯田中間の急行が電車化される。
昭和39 (1964) 年8月1日	2000系特急車の第4編成 (D編成) を新造する。
昭和39 (1964) 年12月	長野市長が長野電鉄に、市街地区間の高架化についての検討を申し入れる。

昭和41 (1966) 年2月1日	小口扱い貨物営業が廃止される。
昭和41 (1966) 年2月21日	「OSカー」0系2両編成1本を新造する。
昭和41 (1966) 年7月1日	若穂駅が開業。
昭和41 (1966) 年11月24日	0系第2編成を増備する。
昭和42 (1967) 年5月13日	0系が鉄道友の会のローレル賞を受賞する。
昭和42 (1967) 年10月	長野〜木島間の特急が復活する。
昭和43 (1968) 年10月1日	急行「志賀」が「信州」に統合され、使用車両を国鉄169系に変更する。
昭和44 (1969) 年10月1日	急行「志賀」の愛称が復活。国鉄線内の併結列車が、上野〜長野間の「信州」と、上野〜直江津間の「妙高」各1往復に変更する。
昭和45 (1970) 年9月	長野〜須坂間の貨物営業が廃止される。
昭和47 (1972) 年1月1日	長野駅で、はがきよりやや大きい「日本一大きいジャンボ入場券」が発売開始。
昭和49 (1974) 年3月12日	都市計画法に基づく長野〜本郷間の地下線方式による連続立体交差化事業が認可される。
昭和52 (1977) 年2月9日	東急電鉄から5000系を譲受。以後、2両編成の2500系、3両編成の2600系としてそれぞれ10本と3本、合計29両を導入する。
昭和53 (1978) 年10月2日	国鉄直通急行「志賀」2往復のうち、「信州」と併結の1往復が多客期の不定期運転に変更。
昭和54 (1979) 年3月31日	須坂〜屋代間でED5001電気機関車が牽引する貨物列車がさよなら運転。翌日に貨物営業が全廃される。
昭和55 (1980) 年3月1日	朝陽〜湯田中間、信州中野〜木島間でCTC (列車集中制御) を導入する。
昭和55 (1980) 年12月7日	3扉の「新OSカー」10系2両編成1本を新造する。
昭和56 (1981) 年3月1日	長野〜本郷間が地下化。長野、権堂、善光寺下の各駅が地下駅化。市役所前駅が開業。
昭和57 (1982) 年11月15日	国鉄直通急行「志賀」が廃止される。
昭和60 (1985) 年3月14日	附属中学前駅が開業。
昭和62 (1987) 年10月8日	1944年から休止していた日野駅が営業再開。
平成1 (1989) 年5月20日	2000系D編成に冷房化・更新工事を実施する。
平成2 (1990) 年5月30日	小布施駅構内に「ながでん電車の広場」を開設する。
平成3 (1991) 年5月20日	湯田中駅を志賀高原駅に改称すると発表。
平成5 (1993) 年4月6日	元営団地下鉄日比谷線の3000系2両編成4本を、3500系として運転開始する。
平成5 (1993) 年11月1日	屋代〜須坂間、信州中野〜木島間でワンマン運転開始。長野〜木島間の特急が廃止。
平成6 (1994) 年8月1日	最後の旧性能車1500形がさよなら運転。
平成8 (1996) 年12月22日	「OSカー」0系が廃車される。
平成14 (2002) 年4月1日	河東線信州中野〜木島間 (木島線) が廃止される。
平成14 (2002) 年9月18日	路線名称が変更。長野〜湯田中間が長野線、屋代〜須坂間が屋代線となる。
平成15 (2003) 年3月3日	「新OSカー」10系が廃車。
平成17 (2005) 年9月1日	元東急8500系を導入し、3両編成の8500系として2本が営業運転開始。
平成18 (2006) 年9月1日	湯田中駅のスイッチバック解消工事に着手する。
平成18 (2006) 年12月9日	元小田急電鉄10000形「HiSE」を、1000系「ゆけむり」として特急に投入する。
平成18 (2006) 年12月9日	普通列車のワンマン運転区間が全線に拡大する。
平成20 (2012) 年4月1日	屋代線、屋代〜須坂間が廃止される。
平成21 (2009) 年11月9日	村山橋の架け替えが完了。
平成23 (2011) 年2月2日	沿線自治体と長野電鉄などからなる長野電鉄活性化協議会が、屋代線の廃止とバス転換を決議。3月25日には事業廃止届を国に提出する。
平成23 (2011) 年2月26日	元JR東日本253系「成田エクスプレス」を、2100系「スノーモンキー」として特急に投入。2000系の定期運用が終了。
平成27 (2015) 年3月14日	観光案内列車「特急ゆけむり〜のんびり号〜」を運行開始。
平成30 (2018) 年4月3日	「特急ゆけむり〜のんびり号〜」の停車駅を変更 (長野→権堂→ (村山橋に約3分停車) →須坂→小布施 (約10分停車) →信州中野→湯田中

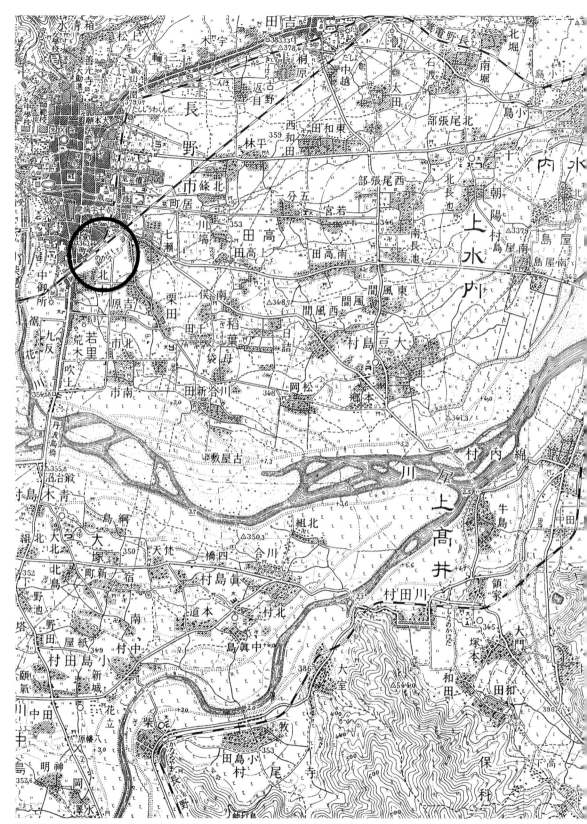

長野電鉄長野線の長野～須坂間と河東線（のちの屋代線）金井山～須坂が含まれている。長野～善光寺下の間の駅名は記載されていないが地上を走っていた頃は長野から錦町、緑町、権堂の三駅があった。善光寺下から長野電鉄の北側に並行し北東へ延びている道は北国街道で町を抜けると田畑が広がっていたがこの道に沿っては昔から家が立ち並んでいた様子がわかる。須坂からは河東線の屋代線への線路が伸びているが今は並んで南北に上信越自動車道が通っている。

長野電鉄長野線と河東線の沿線（昭和5年）

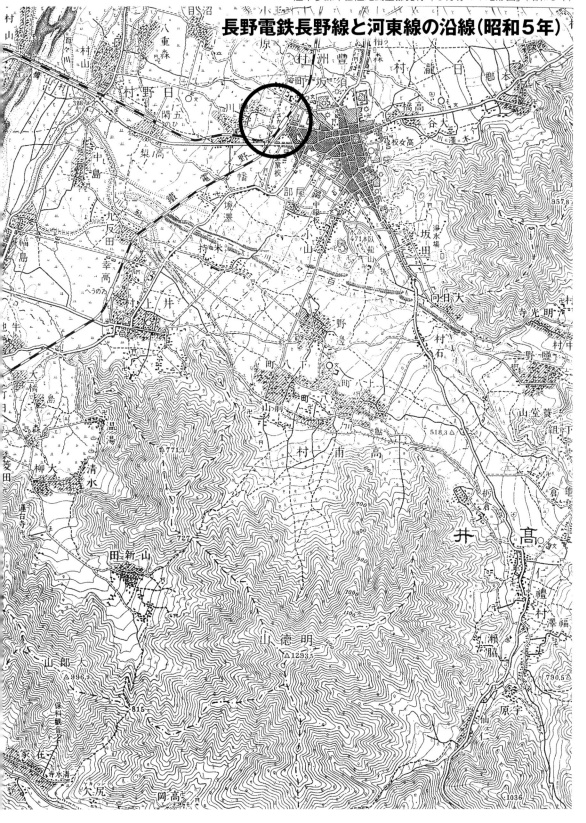

長野電鉄河東線、山の内線、飯山鉄道の沿線（昭和５年）

長野電鉄　信州中野〜湯田中、信州中野〜木島、飯山鉄道替佐〜飯山が載っている。上部に飯山の町左手南北に走るのが飯山鉄道、川は千曲川、川の東側は長野電鉄河東線（のちには木島線）の終点木島駅がある。飯山鉄道は千曲川の左岸（北方向、新潟を向いて左側、西側）のトンネルやカーブといった条件の悪いところを通っているが、長野電鉄の信州中野〜木島の方があとからできたにもかかわらず条件はいい。飯山鉄道が国有化されるのは昭和19（1944）年、この地図では飯山鉄道は「飯山鐵道」の表示である。下の方には中野町があり、信州中野駅から右方向に山の内線（2002年から長野〜湯田中は長野線の一部になった）がわかれ湯田中に上っていく。

長野電鉄河東線の沿線（昭和5年）

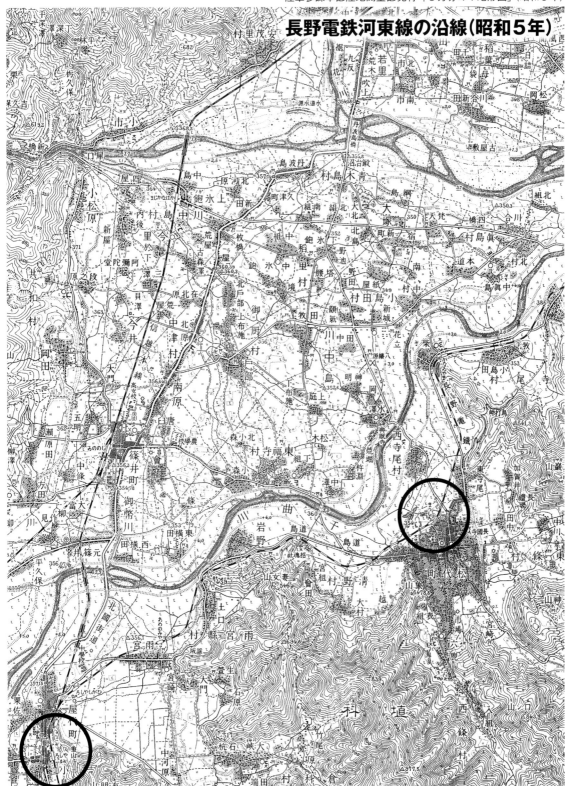

左側南北に信越本線、今は第三セクターのしなの鉄道が走る。篠ノ井駅へは地図の左下から松本からの篠ノ井線が合流する。左下に長野電鉄の最初の開業、河東鉄道の始発駅屋代駅がある。河東鉄道はその名の通り千曲川の東側を北上、須坂へ線路を伸ばしている。山と川を避けて線路が敷かれているのがわかる。地図の右下の千曲川と背後が山の間に位置する町は松代町で今は長野市の一部になっている。戦国時代は武田の城があったが江戸時代は松代藩の城下町になって発展した。地図の上部を東西に流れる川は犀川で、右手で千曲川に合流する。武田信玄と上杉謙信が戦った川中島の戦いは犀川と千曲川の間、この地図の中央あたりで何回となく行われた。

長野駅を西方向、東京側から撮影。善光寺は左手前方2.3km。関山〜長野開業は明治21(1888)年、線路は日本海側から伸びてきた。この写真からは気動車、電車が見えず、撮影時はまだ貨物列車と客車列車を機関車が牽引する時代であった。長野〜軽井沢の電化は昭和38(1963)年である。長野駅は仏閣スタイルの名駅舎だったのでよく目立った。その隣、左手上に地上時代の長野電鉄長野駅舎とホームの屋根が黒く見える。長野駅の東側は、住宅も少なく田畑が広がっている。
◎昭和27(1952)年11月27日　撮影：朝日新聞社

長野駅
昭和27年
（1952年）

自社発注の車両

　河東鉄道が長野電気鉄道を合併して長野電鉄となった時両社は共通設計の半鋼製車を所有しており、これが長野電鉄としてのスタートであった。汽車会社東京製の3扉の半鋼製車両で電動車と手荷物室を持つ電動車で制御車はなかった。

　長野電気鉄道が昭和元（1926）年の須坂〜権藤間開通に合わせて汽車会社東京で生まれた。内訳はデハ100形2両、デハニ200形4両であるが、デハニ2両は親会社である河東鉄道からの発注であった。

　昭和3（1929）年には湯田中開業に備えて発電ブレーキを持つデハニ250形が2両誕生、長野電鉄発足のころデハからモハに形式変更、モハ100形、モハニ200形、モハニ250形と改称された。なお、この時採用されたＨＬ（間接非自動）制御、75kw主電動機の組み合わせは2000系が入るまで長野電鉄の標準であった。

【モハニ510形（511）】長野電鉄は改番が多く、まず昭和28（1953）年にモハニ251から改番、さらに昭和42（1967）年にはモハニ531に改番した。この間、客用扉の鋼製化や屋根の鋼製化などの改造も行われ、昭和35（1960）年にはドアエンジンも整備されている。◎須坂　昭和39（1964）年7月　撮影:髙井薫平

【モハニ230形（231）】改番までの形式はモハニ210形。モハ200形とともに生まれた手荷物室合造車で、昭和40（1965）年頃から塗色がクリーム色と明るいマルーンの塗り分けに変化していく。
◎須坂
昭和47（1972）年10月
撮影：田尻弘行

【モハニ110形（112）】
クハ1050と編成を組めるのも長
野電鉄の旧型車のほとんどが同
じ制御方式だったことによる。
◎須坂　昭和39（1964）年9月
撮影：今井啓輔

【モハ200形（201）】
この時代、扉はまだ木製のままで
あった。連結されたクハは戦後
の新車であるクハ1050形である。
◎須坂
昭和39（1964）7月
撮影：髙井薫平

【モハニ110形（112）】
開業時に用意された車両であ
る。長野電鉄の旧塗装色は焦げ
茶色というより、深いさび色の
独特のものだった。
◎須坂
昭和39（1964）7月
撮影：髙井薫平

モハ300形は昭和16（1941）年に汽車会社東京で生まれた。これまでの地方鉄道の鋼製車の客用扉は車端に寄った3扉車が大勢であったが、このモハ300形では扉の位置を車体の中央方向にずらした2扉車になった。この扉の位置はその後の運輸省規格型電車に引き継がれて戦後の電車の標準になった。長野市内地下線化のあおりで廃車になり、福井鉄道に第二の職場を求めた。

【モハ300形同士の2両編成（302＋301）】◎須坂　昭和47（1972）年10月　撮影：髙井薫平

【まだ旧塗装のまま使用中のモハ300形（301）】

【クハニ1060形を従えた3両編成】長野電鉄の制御方式は特急車を除いて統一されていたので他形式との併結が見られた。
◎須坂　昭和47（1972）年10月　撮影：髙井薫平

【モハ300形（301）単車による急行運用】

須坂駅の南南東の方角から空撮。左下は昭和6（1931）年にできた臥竜公園、昭和37（1962）年に開園した動物園も左手にあり、D51 401が展示されている。下から2本伸びる道路は右側が現在は白馬～長野～上田～高崎を結ぶ国道406号の一部で、南下方向は菅平、真田を通り上田に通じる。左手の道路は町中を縦断、突き当りが須坂駅。駅の向こう左右に留置車両などが黒く見える。駅の右手方向が下り信州中野、湯田中、木島方向、左手直進が屋代方向で長野方面へは右にカーブしていく。須坂

は江戸時代、須坂藩の陣屋町、明治中期から昭和4（1929）年の世界大恐慌までは製糸業で繁栄、河東鉄道の通った屋代〜木
島では最も賑やかなところであった。当時の土蔵や旧商家が今も残り、「蔵の街」として観光にも力を入れている。
◎昭和41（1966）年4月12日　撮影：朝日新聞社

【貨車を牽くモハ610形(611)】汽車会社や日本車輌製の多い長野電鉄に登場した川崎造船所製のメーカー標準車両。あちこちの大小私鉄に供給されたいわゆる川造タイプの全鋼製車、制御器が他車と異なっていたので仲間同士で連結していた。
◎上条　昭和32(1957)年7月　撮影：齋藤晃

【湯田中に到着したモハ600形(604)】当時の湯田中駅はホームが短く、3両連結が到着する1番線では電車はいったんホームを行き過ぎ、写真左奥に見える引き上げ線に後退してからホームに到着した。2両編成の各駅停車からの乗客は写真手前の踏切を渡って改札口に向かった。◎湯田中　昭和36(1961)年12月　撮影：髙井薫平

【モハ600（602）】
これぞ川崎造船タイプと
いうべき川造標準型全鋼
製車で、深い屋根につい
た弧を描いた雨樋が特徴
だ。
◎須坂
昭和34（1959）年7月
撮影：田尻弘行

【モハ610形（モハ612）】モハ612の1位側（右側）運転台を拡張、客用扉を窓1個移設した車両。
◎須坂　昭和48（1973）10月　撮影：髙井薫平

【勾配を上るモハ600形（603＋604）】この勾配を上りきると湯田中の構内が見えてくる。
◎湯田中近く　昭和35年（1961）年12月　撮影：髙井薫平

他社からの応援車両

モハ400形・モハ420形・クハ450形

　第二次世界大戦の後、ほとんどの私鉄は車両環境が疲弊した。都市の大手私鉄には国の指導で63型電車や規格型車両の供給が行われたが、地方の中小私鉄には都市の大手私鉄からの相応の車両の供出が行われた。大手私鉄が供出に応じて提供した車両は主に傍系の車両が多かったが、長野電鉄にやってきたのは東武鉄道オリジナルのデハ3系だった。

【モハ401＋クハ451】
更新修理の際、正面窓上にあった小窓は埋められている。クハ451と編成を組んでいた。
◎須坂　昭和44（1969）年11月
撮影：田尻弘行

【モハ400形（401）】
戦後の供出車両のため、制動装置、制御装置が異なり、在来車とは連結できず、限定運用されていた。
◎昭和34（1959）年11月
撮影：髙井薫平

【モハ410形（411）】
昭和31（1956）年に制御装置と台車を交換し単行で使用されていた。電気機関車代用として貨車を引くこともあった。
◎須坂
昭和44（1969）年11月
撮影：髙井薫平

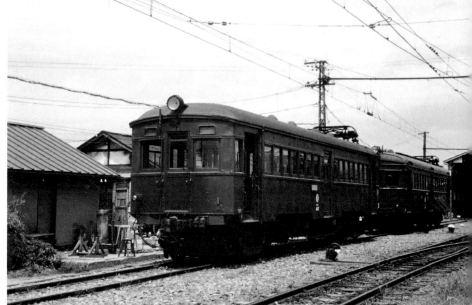

【モハ400形（402）】
前面窓上に取り付けられていた
小窓は残っている。
◎須坂　昭和34（1959）年11月
撮影：髙井薫平

【モハ403（後のクハ451）】
東武鉄道時代そのままの雰囲気
である。尾灯もまだ1個のまま
だ。
◎須坂　昭和34（1959）年11月
撮影：髙井薫平

【モハ400形（403）】
モハの表記をされていたが実質
クハであった。昭和42（1967）年、
正式にクハ451となった。旧塗
装の姿は東武時代に思いをはせ
る。
◎須坂 昭和34（1959）年11月
撮影：髙井薫平

2代目モハ1形

初代は河東鉄道からの引き継ぎ車だったが、すでになく2代目は国鉄から戦後払い下げを受けた元・信濃鉄道のモハ20形の一党である。いわゆる買収国電だが、買収の早かった信濃鉄道の車両は広浜鉄道、富士身延道の車とともに本来の国電車両並みの2桁の形式番号を付けられた。長野電鉄では数年間使用されたのち、鋼体化されモハ1100系3両に生まれ変わった。

【モハ1（Ⅱ）】モハ1とクハ51を連結した信濃鉄道を彷彿させる編成。おまけに後ろに貨車を1両牽いている。
◎須坂　昭和34（1959）年11月　撮影：髙井薫平

【混合列車出発】MT編成が貨車1両をつけて木島方面に出発していく。◎須坂　昭和34（1959）年11月　撮影：髙井薫平

【クハニ60形（61）】
国鉄時代の形式はクハユニ7100
だった。大糸線は沿線の道路事
情がよくなかったので郵便輸送
を受け持っていたが、長野電鉄
に来てから郵便室は客室になっ
た。
◎須坂
昭和34（1959）年11月
撮影：高井薫平

【整備中のクハ51】
長野電鉄にとっては久々の木造
車だったが、木造車の薄汚れた
イメージはなく、しっかりした
車体に整備されていった。
◎須坂
昭和32（1957）年3月
撮影：齋藤晃

【モハ100形とモハ1形が
顔を合わせた】
両車とも圧縮空気による除雪装
置の配管が見える。
◎須坂
昭和32（1957）年3月
撮影：齋藤晃

モハ1000形

　【モハ1000形・モハ1500形・モハニ1010形・クハ1050形・クハ1550形・クハニ1060形】日本車輌支店型とも言われた洗練された車体を持つ。モハ300形を原型に近代化したともいわれる。戦後、私鉄向けに運輸省規格型車両ができた時のモデルにもなり、同型が秩父鉄道、富山電鉄（現・富山地方鉄道）にも登場した。遅れて登場したモハ1010形はクハ1550形、クハ1060形とともに初代モハ1形（河東鉄道時代の木造車クハ50、60形）の鋼体化名義で作られた。2～3両編成で使用されたが、電動車は必ず1台のパンタは降ろして編成当たり1パンタグラフで走っていた。もともと非貫通の車体だったが、一部を除いて貫通式に改造されたが幌はつかなかった。東急電鉄や営団の車両投入で廃車が続き、屋代線に残ったモハ1501,2の2両が屋代線廃止まで使用された。

【クハ1050形を先頭にした
急行列車】
◎須坂　昭和32（1957）年3月
撮影：齋藤晃

【モハ1000形（1003）】
近代化が進み生え抜きのHL制
御車は須坂駅構内の側線に留置
されていた。
◎須坂　昭和61（1986）年6月
撮影：髙井薫平

【クハ1550形（1552）】
貫通扉が付いたクハ1552は河東
鉄道時代に作られた木造車の鋼
体化名義の車両。
◎昭和47（1972）10月
撮影：田尻弘行

【クハ1050形（1052）】
後ろの電動車はモハ100形。長野電鉄は一部の例外を除いて性能が同じで、どの車両とも連結することができた。
◎須坂　昭和32（1957）年3月
撮影：齋藤晃

【クハ1060形（1062）】
先頭のクハニの荷物室が連結面にあるのは両運転車両のなせるためで貫通化工事の際に片運転台式に改造された。
◎須坂
昭和47（1972）10月
撮影：田尻弘行

【複線区間を行く
1000系2両編成】
写真のクハ1052は木造車からの電装品を流用したモハ1003であったが、手荷物付電動車が不足したため、モハニ1010形へ電装品を譲り制御車化された車両。モハ1003,1004を除き1000系車両と連結が可能であった。
◎昭和47（1972）10月
撮影：田尻弘行

【国鉄から乗り入れる169系電車】上野から信越本線を通って湯田中まで、最盛期には屋代経由で２往復の直通急行電車が走っていた。◎金井山〜松代　昭和52（1977）年５月　撮影：後藤文男

ことば解説 信濃鉄道

　信越本線の長野県部分を第三セクター化した現在の「しなの鉄道」のことではない。松本〜信濃大町、JR東日本大糸線が国に買収される前の鉄道である。信濃鉄道は1912（明治45）年設立され、1915（大正４）年１月６日に松本市（すぐに北松本に改称）〜豊科が最初に開業した。路線は部分開業を繰り返し、最後は大町の手前の高瀬川橋梁の完成で翌年1916（大正５）年７月５日に松本〜大町が開通した。大正期の営業は好調で、1925（大正14）年12月に電化して電車も投入された。しかし昭和に入り世界恐慌で業績が悪化、1937（昭和12）年に国有化されて会社は解散。線路は鉄道省の大糸南線になった。

【モハ1010形（1012）】閑散線になってしまった屋代線の須坂〜屋代間は、本線の運用から外れたモハ1010形が単行でのんびり走っていた。◎松代　昭和47（1972）10月　撮影：田尻弘行（上・下とも）

【モハ1100形・クハ1150形】国鉄から払い下げを受けた元・信濃鉄道の木造電車を種車として、昭和36（1961）年に登場した。種車はM車1両、T車2両であったが、どこからかで調達した電機品を活用、MMTの3両編成となった。モハ1101＋モハ1102＋クハ1151の編成を組むが、中間のモハ1102にも運転台があり、ラッシュが終わるとクハを切り離してMM 2両編成で使うことができた。長野電鉄で廃車後、モハ1101とクハ1151は豊橋鉄道に、モハ1102は伊予鉄道に譲渡されたがともに現存しない。◎湯田中　昭和37（1962）年12月　撮影：髙井薫平

【2000系特急電車と顔を揃えたモハ1100形】湯田中では駅舎側ホームに特急列車、普通列車は踏切を渡ったホームに停車した。◎湯田中　昭和37（1962）年12月　撮影：髙井薫平

【湯田中駅に到着する1100系3連】
湯田中の駅は構内ぎりぎりまで勾配が続いていた。左の線路は3両編成が一旦ホームを行き過ぎてバックしてホームに入るためのもので、現在は改良され存在しない。
◎湯田中
昭和37（1962）年12月
撮影：髙井薫平

【複線区間を行く1100系】
この写真を見ると戦後の運輸省規格型電車A'型の近代化版というような優れたデザインだと思う。
◎昭和47（1972）10月
撮影：田尻弘行

【モハ1100形（1102）】
珍しくモハ1101を解いた姿。このままでは外に出られない姿。
◎須坂
昭和47（1972）10月
撮影：田尻弘行

2000系特急電車の登場

【最後の勾配を上りきって湯田中に近づく2000系C編成特急「いわすげ」】
◎湯田中　昭和37（1962）年12月　撮影：髙井薫平

【夜間瀬の鉄橋を渡る特急モハ2000系A編成】前面窓の凍結防止用デフロスターが取付けられ、前面の印象が変わった。後に熱線入りガラスに変更された。◎夜間瀬～信濃竹原　昭和52（1977）年　撮影：荻原俊夫

【「特急よこて」2000系B編成】MTM編成のため、モハ2003に主制御器があるが、T車に主回路の引き通しを設け、モハ2004側のモーターを制御する。いわゆる1C8M制御である。◎須坂　昭和37（1962）年12月　撮影：高井薫平

【2000系特急車】
昭和35年頃の地方私鉄のうち、観光地をもつ中堅私鉄の中で競って新しい駆動装置を持つクロスシートカーを生んだ時代があり、長野電鉄の2000系はその流れのうちの一つであった。当時WN駆動を使用した車両はもっぱら1435mm軌間専用であり、狭軌に使用した第1号と記憶している。最初、MTM編成が2編成登場、登場した際のの外観は上品なマルーンに塗られていた。その後2編成が追加され、小田急の特急車が入るまで長く地方私鉄では珍しい有料特急として第一線で活躍した。
◎須坂
昭和58（1973）年6月
撮影：田尻弘行

【0系（OSカー）】Officemen ＆ Students Carという意味合いから「OSカー」と呼ばれた車両、地方都市には珍しい東京の国電並みの20メートル4扉車両である。当時、長野電鉄沿線には学校も多く、これまでの車両では遅れが出ていたという。2編成が投入されたOSカーは、ときには4両編成で活躍した。長野電鉄に勤務されていて、この車両の発案者の一人、小林宇一郎先輩は自慢されていた。しかし、沿線人口の減少もあって長野オリンピック前に廃車になった。

【0系OS1（クハ51＋モハ1）】複線区間を行く各駅停車長野行。◎昭和47（1972）年10月　撮影：田尻弘行

【OS10（クハ61＋モハ11）】
OSカーの第3編成は第1編成・第2編成から10年も遅れて登場した。ただ、自信をもって送り込んだ4扉は3扉になり、非貫通式になった。その後、長野市地下乗り入れを意識しない設計であっため短命に終わった。
◎柳原～村山
平成10（1998）年3月
撮影：矢崎康雄

【OS 1形（モハ2＋クハ52）】
前面をFRP製の成形とし、前照灯、尾燈、方向幕を上部に纏め、踏切障害に対応したデザインを採用した。
◎フォトパブリッシング所蔵

【0系OS1（モハ1＋クハ51）】
製造時は連結作業を簡易化するため、CSE50型密着連結器であったが、2500系導入後にNBⅡ型自動連結器に交換された。
◎昭和47（1972）年10月
撮影：田尻弘行

【2600系Ｔ２編成】昭和56（1981）年の長野市街地（長野駅〜善光寺下）の地下化に対応した車両が必要になり、昭和52（1977）年から昭和60（1985）年にかけて東急電鉄5000系電車を２両編成10編成、３両編成３編成の計29両を譲り受けた。地下線対応の不燃化改造のほか、MT編成に対しては主電動機を出力強化したものに交換した。外観的には先頭部の尾灯、標識灯４灯のうち、下端の２個を撤去、窓上のかつての標識灯を尾灯として使用していた。長く主力車両として活躍、長野オリンピック開催に応じて営団の3000系と置き換わった。◎昭和58（1993）年6月　撮影：田尻弘行

【長野地下駅における2600系Ｔ２編成】◎長野　昭和58（1983）年７月　撮影：矢崎康雄

【2500系】元・東急電鉄5000系（初代）である。長野電鉄の長野駅付近の地下化工事は昭和56（1981）年に完成するが、これによっ
て長野電鉄本来の車両の多くが地下線に入れなくなることになり、急遽導入された東急電鉄の5000系である。のちにいくつ
かの私鉄に散った名車東急5000系最初の地方公演であった。昭和52（1977）年から昭和60（1985）年にかけてMT10編成（2500
系）、MTM 3編成（2600系）が入線した。MT編成では山を登るのにやや力不足だったので、新しい主電動機に載せ替えている。
◎須坂　昭和58（1993）年6月　撮影：田尻弘行

【2500系T2編成】2両編成2500系、3両編成2600系とも併結用ジャンパ連結器が湯田中方に新設された。
◎須坂　昭和58（1993）年6月　撮影：田尻弘行

【長野電鉄長野駅】地上時代の長野電鉄長野駅駅舎。開業は昭和3（1928）年6月24日。国鉄の長野駅改札を出るとすぐ右手に「長野電鉄のりば」という大きな看板が目に入る。地下になった今に比べると文字も大きくずっとわかりやすい乗り場表示だった。乗り場表示のドの沿線広告は文字通り楽しさいっぱいである。◎昭和42（1967）年5月　撮影：荻原二郎

【錦町駅】駅舎は現在の南千歳町交差点付近にあった。三角屋根の駅舎はモダンな三角屋根だった。昭和56（1981）年地下化された際、昭和通り近くに移転、休止していた緑町と統合して市役所前駅になった。◎昭和51（1976）年8月　撮影：荻原二郎

【権堂駅】長野電鉄の長野市内への最初の区間は須坂〜権藤間で、大正15（1926）年6月28日に開通している。権堂は長野の繁華街・歓楽街であり、長野の中心地だ。長野電鉄の本社もここが所在地である。写真の二階建て駅舎は開業以来のもので、屋根に特徴がありどっしりとして風格があったが、地下線化で姿を消した。地方の中心都市と同様、権堂の商店街も郊外の大型ショッピングセンターなどに客足が移り、従来の商店街が衰退している。◎昭和46（1971）年6月　撮影：荻原二郎

【善光寺下駅】昭和57（1981）年に地下化される前の善光寺下駅。善光寺へはこの駅が一番近い。写真には旅館の広告がたくさん写っている。今は善光寺下駅が地下区間の一番北で、長野からの電車はこの駅を出ると地上に出る。今も昔も、複線区間の途中駅はいずれも相対式ホームである。◎昭和45（1970）年11月　撮影：荻原二郎

【桐原駅】今でも開業当初からの駅舎が残る貴重な駅。駅舎は小さいながらも三角屋根の好ましいデザインである。写真に写っているOSカーは、列車種別方向幕が二段表示でまとめわかりやすい。「各駅停車」、行き先は「信州中野」ではなく「中野」。地方の私鉄で4扉は珍しかった。◎昭和48（1973）年6月　撮影：荻原二郎

【信濃吉田駅】
昭和元（1926）年6月28日開業時は吉田町という駅名だったが吉田町は大正12（1923）年にすでに長野市に編入されており、開業と同じ年昭和元（1926）年10月5日信濃吉田に改称している。開業時は長野から吉田町までが複線、信濃吉田～朝陽が複線化されるのは昭和31（1956）年5月15日。平成9（1997）年4月1日から橋上駅になった。200mほど南にある国鉄信越線吉田駅は昭和32（1957）年北長野に改称、現在はしなの鉄道の駅になっている。
◎昭和36（1961）年9月
撮影：荻原二郎

【柳原駅】
須坂～権堂が開通当初から設置されている。島式ホーム2線。
◎昭和54（1979）年11月
撮影：荻原二郎

【村山駅】
長野からくると、千曲川を道路併用橋の村山橋で渡って最初の駅が村山。須坂〜権堂の開通当初から設置された駅。交換設備ができたのは昭和28（1953）年。島式ホーム２線。
◎昭和42（1967）年５月
撮影：荻原二郎

【須坂駅】開業は河東鉄道の屋代〜須坂が開通した大正11（1922）年６月10日。駅本屋の右には須坂営業区という看板が見える。須坂の町は明治から昭和の時代まで養蚕業中心に栄え、河東鉄道の途中駅で一番大きな町だった。路線も長野、屋代への分岐駅で、河東鉄道の時代から現在に至るまで車庫が置かれている拠点駅である。駅舎は昭和50（1975）年に全面改築され、現在では橋上駅になっている。◎昭和45（1970）年６月　撮影：荻原二郎

【信州中野駅】
大正12（1923）年３月26日、河東鉄道により須坂〜信州中野が開業した。この付近は江戸時代には天領（幕府直轄地）であり、中野村は代官陣屋が置かれた地域の中心地だった。明治3（1870）年に中野県が設立されたが、同年12月５日に一揆が勃発したこともあり、県庁は長野村に移され明治4（1871）年の廃藩置県では長野県になったという経緯がある。なお写真の正面三角屋根の駅舎は平成元（1989）年に全面的に建て替えられて姿を消した。
◎昭和46（1971）年６月
撮影：荻原二郎

【夜間瀬駅】信濃竹原から志賀高原の大沼池を水源として千曲川に合流する夜間瀬川の鉄橋を渡り、右にカーブして南に向くと夜間瀬の駅で、周囲はリンゴ畑だ。信州中野から湯田中まで開通した時から設置されている。現在の駅舎はこの当時のものの比べるとずっと簡素なものになってしまった。◎昭和46(1971)年8月　撮影：荻原二郎

【湯田中駅】長野から来ると40‰の勾配を上り、電車は南を向いて到着する。この駅は昭和2(1927)年4月28日に開業した。この先、同じ山ノ内温泉郷の渋安代(しぶあんだい)へ延伸の予定もあったが実現されなかった。写真は西側駅舎で昭和30(1955)年に竣工。東側には開業時からの駅舎があって普通ホームとして、南側が特急ホームとして使われていた。平成16(2004)年に東側の旧駅舎は国の登録有形文化財に登録、楓の館隣の温泉とともに山ノ内町の交流施設として使用されている。この駅は40‰の勾配をカーブで上ってきたところにあり、水平位置のホームに停車させるために特急など3両編成の場合、先まで行き、ホームにかかるポイントを変え、少しバックしてホームに停車、出発の時も一度戻ってから出るという他ではあまり見られない光景があった。平成18(2006)年9月からホーム1本の現在の姿になっている。
◎昭和46(1971)年8月　撮影：荻原二郎

【金井山駅】
屋代線松代から須坂方向北3.1kmの駅。河東鉄道の屋代〜須坂間が開業した大正11（1922）年6月10日に開業している。平成24（2012）年の屋代線廃止で廃駅になった。廃止時点で写真の古い駅舎は簡易なものに変わっていた。
◎昭和46（1971）年6月
撮影：荻原二郎

【信濃安田駅】
木島線で信州中野から木島に向かい、飯綱山トンネルを抜けたところの駅。終点木島の一つ手前の駅で木島〜安田間は1.5km。飯山線の飯山駅までは千曲川をはさみ対岸にあって、道のりは約1.5km。木島からの距離より近かった。大正14（1925）年7月12日に河東鉄道の信州中野〜木島が開通した際に開業した。翌大正15（1926）年1月29日に屋代〜木島間で電車運転が開始されている。平成14（2002）年の木島線廃線に伴い廃止された。
◎昭和45（1970）年11月
撮影：荻原二郎

【木島駅】
大正14（1925）年7月12日に開業。開業時は河東鉄道（かとうてつどう）で翌年会社は長野電鉄になった。平成14（2002）年に木島線の廃線に伴い廃止された。野沢温泉へはここからバスで30分弱。千曲川をはさみ対岸は飯山の町がある。飯山線の飯山駅までは隣駅信濃安田の方が千曲川沿いにあって道のり1.5kmで近かった。木島駅の駅名看板の両側は野沢温泉の旅館広告、左は長野電鉄飯山営業所の建物だ。
◎昭和45（1970）年6月
撮影：荻原二郎

信州中野
昭和40年
（1965年）

信州中野の街を西側から撮影。中央右下に信州中野駅が見える。右手が須坂、長野方面、左手北方向直線に伸びているのが河東線木島方面（平成14年/2002年3月末で廃止時は通称木島線）、北に向かい右手にカーブして別れて行くのが湯田中方向でこの当時は山ノ内線、次の駅は中野松川で白い建物の中野小学校の左側である。信州中野駅の黒く見えるのは長野電鉄の茶色い電車と貨車、駅前東側にはバスが10台ほど写っている。写真中央の山は箱山でその向こう側が山ノ内町、その先の山は志賀高原である。◎昭和40（1966）年4月12日　撮影：朝日新聞社

電気機関車

長野電鉄の沿線は長野盆地に果樹園の広がる農業地帯でもあり、開業当時から電気機関車を新造した。主要駅には貨物ホームもあり、貨物列車が運転されていた。機関車は昭和2（1927）年に日立製作所で3両新造された36トン機500形で、国鉄ED15形を一回り小ぶりにした車体であった。昭和28（1953）年にED5000形と改番され、貨物輸送のほか国鉄からの乗り入れ列車を牽引して活躍した。その後、2両が越後交通に移籍してED510形となった。

昭和39（1964）年に北海道の定山渓鉄道から昭和32（1957）年三菱製のスマートな電気機関車を2両迎え入れてED5100形とし、昭和54（1979）年に長野電鉄が貨物輸送を廃止するまで使用した。その後、越後交通に移籍して同番号で使用後、平成6（1994）年に廃車された。

【ED5000形 ED5003、機関庫に憩う】
昭和2（1927）年に日立製作所で3両が製作された。国鉄ED15を一回り小さくしたような箱型機関車で、運転整備重量36.3トンの500形で同系機が富士身延鉄道や南武鉄道に存在した。昭和28年にED5000形と形式変更し、貨物列車牽引のほか冬季の上野から信越線をやって来るスキー列車を長野で引き継いで牽引した。昭和44（1969）年に定山渓鉄道からED500形2両を迎え入れ、ED5100として整備後は本線の貨物輸送を任せ、ED5002,03を越後鉄道に売却、残ったED5001は予備機になっていたが廃車され、機械扱いで構内の入れ替え等で使用されたが、平成29（2017）年に解体された。
◎須坂　昭和27（1952）年7月
撮影：齋藤晃

【ED5002の牽く貨物列車】
◎須坂
昭和27（1952）年7月
撮影：齋藤晃

【カーブを行くED5102の
牽く貨物列車】
定山渓鉄道が所有していた8100
形蒸気機関車と置き換えるため、昭和32(1957)年に三菱電機・
新三菱重工で生まれた50トン機
関車、ゆるい傾斜のついた正面
2枚窓のスマートなスタイルは
当時製造されていた国鉄EF58
によく似ており、どこかの模型
屋さんのショーウインドで出
会ったような機関車だった。昭
和44(1969)年に定山渓鉄道は
廃止になり、長野電鉄にやって
きて貨物列車を牽引した。長野
電鉄の貨物輸送廃止に伴って昭
和54(1979)年、越後交通に譲渡
された。
◎都住～桜沢
昭和45(1970)年9月
撮影：矢崎康雄

【須坂駅構内に停車中ED5101】
長野電鉄で警戒色が前面下部
に施された。運転士が身を乗
り出しているので、右側運転
台であることが分かる。
◎須坂　昭和58(1993)年6月
撮影：田尻弘行

【ED5102が牽引する貨物列車】
◎須坂　昭和58(1993)年6月
撮影：田尻弘行

松代から2km南西にある皆神山（みなかみやま）を南側から撮影している。松代の町や河東線の線路は写真の左手で写っていない。皆神山は火山で粘り気が強く流れにくいマグマがゆっくり地表に上がり出て冷え固まって出来たという溶岩ドーム（溶岩円頂丘）である。昭和40（1965）年8月3日から約5年半ものあいだ続いた松代地震は、世界的にも珍しい長期間にわたる群発地震で、この山の直下が初めの震源地だった。中腹に岩戸神社、山頂には熊野出速雄神社（皆神神社）があり山頂まで車

で登ることができる。山頂には標高の低い土地でのクロサンショウウオの産卵池がある。第二次世界大戦末期には日本の戦況が悪化に伴い、松代が大本営・政府・皇室など首都移転が計画され、皆神山や周辺の山に地下壕が掘られた。
◎昭和41（1966）年12月8日　撮影：朝日新聞社

あとがき

　「昭和30～50年代の地方私鉄を歩く」の第13巻「甲信越の私鉄 (2) 信越本線沿い」をお届けします。発行順が不規則なのは準備不足にあります。発行順序についてはいろいろ考えましたが、今様に言えばあらゆる面を考慮した結果だとご理解いただければ幸いです。実際に甲信越の私鉄といってもそこには様々な私鉄が存在しましたが、現在残っているのは山梨県1社、長野県が3社になり、新潟県に至っては4社5路線あった地方鉄道は皆無になってしまいました。

　ここに取り上げた2社の鉄道も人口減少と道路網の整備により厳しい経営環境にあります。もう自社発注の新車の投入は望み薄ですが、かつて東京で出会った懐かしい車両たちが第2の職場を得て元気に頑張っております。この「昭和30年代～」はもう少しそれより古い昔、オリジナルな車両が地方交通の主役として頑張っていた時代の記録であります。どうぞ昔を懐かしんでいただければ幸いです。

　この巻でも諸元表の作成に亀井秀夫さん、コラムや駅の解説には矢崎康雄さんにお願いいたしましたが、車両解説も多義にわたるためお二人の助言をお願いいたしました。また各鉄道を走った様々な車両をできるだけ多く取り上げるため吉村光夫、齋藤晃さんなどの鉄研三田会の諸先輩や園田正雄、荻原二郎さんの写真も使わせていただき、本に箔をつけることができました。

　次号は趣を変えて東武鉄道の非電化の支線や軌道線を中心に秘蔵写真をご披露するつもりです。ご期待ください。

参考文献

唐沢昌弘・金子万平『なつかしの上田丸子電鉄』銀河書房　1984/04
宮田道一・諸河久『上田丸子電鉄 上』RM LIBRARY(73) ネコ・パブリッシング　2005/08
宮田道一・諸河久『上田丸子電鉄 下』RM LIBRARY(74) ネコ・パブリッシング　2005/10
橋詰芳房『別所線 町に生きる』柏企画　2011/03
澤田節夫『信州上田の電車になった気動車たち』モデル8　2002/02
澤田節夫『信州上田の三羽烏』モデル8 2013/10
『世界の鉄道66 上田丸子電鉄』朝日新聞社　1965/09
1265生『上田丸子電鉄近況　ロマンスカー 11』東京鉄道同好会　1950/08
小林宇一郎『上田丸子電鉄改番ロマンスカー 12』東京鉄道同好会　1950/10
小林宇一郎『私鉄車両めぐり(59) 上田丸子電鉄』鉄道ピクトリアル149　電気車研究会　1963/09
小林宇一郎『私鉄車両めぐり(59) 上田丸子電鉄』鉄道ピクトリアル150　電気車研究会　1963/10
小林宇一郎『私鉄車両めぐり(59) 上田丸子電鉄』鉄道ピクトリアル164　電気車研究会　1964/11
大日方裕一『上田交通』鉄道ピクトリアル431　電気車研究会　1984/04
梅澤有人『上田交通』鉄道ピクトリアル652　電気車研究会　1988/04
宮沢幹英『上田丸子電鉄だより』RAIL FAN73　鉄道友の会　1960/01
村本哲夫『上田丸子電鉄、別所線・真田傍陽線近況』RAIL FAN157　鉄道友の会　1967/01
『地方鉄道の瓦斯倫機動車(IV)』鉄道史料7　鉄道史資料保存会　1997/07
『長野電鉄の75年』郷土出版社　1997/09
小林宇一郎『志賀高原へ行く電車　長野電鉄紹介』RAIL FAN5001　鉄道友の会　　1954/08
小林宇一郎『長野電鉄OSカー回顧30年』RAIL FAN540　鉄道友の会　1997/12
小林宇一郎『長野電鉄　1000系よもやま話』RAIL FAN554　鉄道友の会　1999/02
小林宇一郎『長野電鉄2000系の話』RAIL FAN598　鉄道友の会　2002/08
小林宇一郎『長野電鉄1100系の話』RAIL FAN599　鉄道友の会　2002/09
小林宇一郎『長野電鉄OSカー回顧録』RAIL FAN603　鉄道友の会　2003/01
橋本政明『惜別　長野電鉄　2000系』RAIL FAN704　鉄道友の会　2011/06
村本哲夫『長野電鉄』鉄道ピクトリアル134　電気車研究会　1962/08
佐藤清『長野電鉄』鉄道ピクトリアル431　　電気車研究会　1984/04
佐藤清『長野電鉄』鉄道ピクトリアル652　電気車研究会　1988/04
1265生『長野電鉄車両史　ロマンスカー 7』東京鉄道同好会　1949/06
1265生『長野電鉄車両史　ロマンスカー 11』東京鉄道同好会　1950/11
寺田裕一『ローカル私鉄車両20年　東日本編』JTBキャンブックス　JTB出版　2001/09
寺田裕一『私鉄機関車30年』JTBキャンブックス　JTB出版　2005/11
杉田肇『日本の電気機関車 東日本編』誠文堂新光社　1976/08
『世界の鉄道65　長野電鉄』朝日新聞社　1964/09
『世界の鉄道76　長野電鉄』朝日新聞社　1975/10
寺田裕一『日本のローカル私鉄2000』ネコ・パブリッシング　1990/07
寺田裕一『新・消えた轍7 (上信越)』ネコ・パブリッシング　2011/02
小林宇一郎・小西純一監修『信州の鉄道物語』信濃毎日新聞社　1987/01
和久田康雄『私鉄史研究資料』電気車研究会　2014/04

上田丸子電鉄、長野電鉄の車両諸元表

（作成：亀井秀夫）

諸元表注記

車体寸法：単位mm 小数点以下四捨五入　長さ：連結面寸法・最大幅：入口ステップを含む・最大高：集電装置ある車は
　　　　　その折り畳み高さ

自重：単位 ton 小数点以下1位に四捨五入・機関車は運転整備重量とする。

定員：例 80(30) 総定員80名内座席定員30名、冬季座席定員が変更される車両がある。

台車：製造所略称・形式 形式名称のないものは台枠構造等を表示、TR形式は国鉄型台車を表す　／　軸距：単位mm 小数
　　　　点以下四捨五入

制御器：製造所略称・形式名のないものは接触器種類を表す

主電動機：製造所略称・出力kw×個数 小数点以下1位に四捨五入

車両履歴：年号　M明治　T大正　S昭和　H平成　／

製造所略称：General Electric Company(GE)、J.G.Brill(ブリル)、
　　　　　　　Westinghouse Electric Corporation(WH)、Dick Kerr Works(DK)
　　　　　　　日本車両製造名古屋(日車本店)、日本車両製造東京(日車支店)、日本車両製造 本店支店不明な場合(日本車輌)、
　　　　　　　日本鉄道自動車(日鉄自)、川崎造船所兵庫工場(川崎造船)、汽車製造會社(汽車会社)、汽車製造會社東京製作
　　　　　　　所(汽車支店)、東洋電機製造(東洋電機)、鉄道院新橋工場(新橋工場)、藤永田造船所(藤永田)、三菱電機(三菱)、
　　　　　　　日立製作所(日立)、新三菱重工(新三菱)、坂元工業社(坂元工業)、東横車輌電設(東横車輌)、三葉製作所(三葉製
　　　　　　　作)、東急車輌製造(東急車輌)、新潟鐵工所(新潟鐵工)、住友製鋼所(住友製鋼)、新扶桑金属工業(新扶桑)、帝国
　　　　　　　車輌工業(帝国車輌)

前所有：目黒蒲田電鉄(目蒲電鉄)、東京横浜電鉄(東横電鉄)、東京急行電鉄(東急電鉄)、玉川電気鉄道(玉川電鉄)、
　　　　　善光寺白馬電鉄(善光寺白馬)、富士山麓電鉄(富士山麓)

諸元表各項は極力廃車時のデータの採用に努めたが、不明な場合は新製時のデータ等を記載するか空白とする。

上田丸子電鉄諸元表（電気機関車・電車） 本諸元表は1955（昭和30）年から1986（昭和61）年に在籍した車両を対象とした。

形式	番号	使用線区	車体寸法			自重 ton	定員(座席)	台車			制御器		主電動機		出力×
			最大長 mm	最大幅 mm	最大高 mm			製造所	形式	軸距 mm	製造所	形式・制御方式	製造所	形式	
サハ20	21	真田傍陽線→別所線	11,720	2,640	3,455	10.4	80 (30)	日車支店	菱枠型	1,500					
サハ20	22 I	真田傍陽線	11,720	2,640	3,455	10.4	80 (30)	日車支店	菱枠型	1,500					
サハ20	22 II	丸子線→西丸子線→別所線→真田傍陽線→別所線	11,720	2,640	3,455			日車支店	菱枠型	1,500					
サハ20	23	真田傍陽線→別所線	11,720	2,640	3,455	10.4	80 (30)	日車支店	菱枠型	1,500					
サハ20	24	真田傍陽線→別所線	11,720	2,640	3,455	10.4	80 (30)	日車支店	菱枠型	1,700 2,100					
サハ20	25	別所線	11,720	2,640	3,455	10.5	80 (30)	日車支店	菱枠型	1,500					
サハ20	26	別所線	11,720	2,630	3,430	10.4	80 (33)	日車支店	菱枠型	1,500					
サハ20	27	別所線→丸子線→真田傍陽線	12,020	2,720	3,575	12.0	96 (38)	日車支店	菱枠型	1,500					
サハ20	28	別所線	11,720	2,640	3,455	10.4	80 (30)	日車本店	菱枠型	1,500					
サハ40	41	別所線→丸子線→別所線	14,060	2,720	3,630	14.5	100 (42)	日車支店	菱枠型 偏心台車	1,700 2,100					
サハ40	42	別所線→真田傍陽線	14,060	2,720	3,630	25.0	100 (40)	日車支店	菱枠型 偏心台車	1,700 2,100					
サハ60	61	別所線→真田傍陽線→別所線	15,926	2,640	3,745	25.0	148 (32)		TR10	2,184					
サハ60	62	別所線→真田傍陽線→別所線	15,926	2,640	3,745	25.0	148 (32)		TR10	2,184					
クハ250	252	別所線	14,440	2,720	3,575	17.5	94 (30)	日車支店	菱枠型 偏心台車	1,700 2,100					
クハ250	253	別所線	14,440	2,720	3,575	17.5	94 (30)	日車支店	菱枠型 偏心台車	1,700 2,100					
クハ260	261 II	別所線	16,650	2,734	3,857	25.3	100 (52)	川崎車輌	3450型	2,200					
クハ260	262	別所線	16,800	2,700	3,735	25.0	100 (--)	日車本店	MCB型	2,140					
クハ260	261 I	丸子線	16,040	2,642	3,466	25.4	84 (--)		TR14	2,438					
クハ270	271 I	丸子線	17,120	2,710	3,764	28.0	140 (49)		TR14	2,438					
クハ270	271 II	別所線	17,120	2,705	3,850	26.0	100 (52)	川崎車輌	3450型	2,200					
クハ270	272	真田傍陽線	17,720	2,700	3,750	21.5	116 (48)	川崎車輌	TR29 菱枠型	2,000					
クハ270	273	真田傍陽線→別所線	17,720	2,700	3,750	21.5	116 (48)	川崎車輌	TR29 菱枠型	2,000					
クハ290	291	別所線	18,500	2,740	3,725	20.5	140 (58)	東急車輌	TS-301	2,400					
クハ290	292	別所線	18,500	2,740	3,725	20.5	140 (58)	東急車輌	TS-301	2,400					
モハ1110	1111	西丸子線	7,496	2,550	3,307	7.6	38 (12)	ブリル	21E	1,981	GE	K-10 直接制御			27.
モハ1110	1112	西丸子線	8,738	2,481	3,327	7.3	40 (24)	ブリル	21E	1,981	GE	K-10 直接制御			27.
モハ1110	1113	西丸子線	8,738	2,481	3,327	7.3	40 (24)	ブリル	21E	1,981	GE	K-10 直接制御			27.
モハ2320	2321	丸子線	11,800	2,700	3,705	23.0	80 (30)	日鉄自	NT-28B	1,900	東芝	PC-3-A 電空カム軸 間接自動	東芝	SE-131-E	44.
モハ2320	2322	別所線→丸子線	11,800	2,700	3,705	23.0	80 (30)	日鉄自	NT-28B	1,900	東芝	PC-3-A 電空カム軸 間接自動	東芝	SE-131-E	44.
モハ2340	2341 2342	丸子線→別所線	13,800	2,400	3,845	22.0	104 (42)	汽車支店	板台枠 軸バネ式	1,650	東洋	ES-517SE 電動カム軸 間接自動	東洋	TDK-521/2A1	37.
モハ3120	3121	丸子線→西丸子線→別所線	12,020	2,720	4,000	18.0	86 (44)	ブリル	76E-1	1,470	WH	K-68-A 直接制御	WH	WH-846-XJX	48.
モハ3120	3122	丸子線→西丸子線→別所線	11,720	2,640	3,455	16.0	74 (30)	ブリル	76E-1	1,470	WH	K-68-A 直接制御	WH	WH-846-XJX	48.
モハ3210	3211	丸子線→西丸子線	11,370	2,540	4,140	16.3	64 (32)	ブリル	76E-1	1,470	WH	電磁空気単位SW 間接非自動	WH	WH-546-8	48.
モハ3210	3212	丸子線→西丸子線	11,370	2,540	4,140	16.3	64 (32)	ブリル	76E-1	1,470	WH	電磁空気単位SW 間接非自動	WH	WH-546-8	48.

			車両履歴						備考
所	製造年月	改造所	改造年月	改造内容	使用開始年月	前所有	旧番号	廃車年月	
支店	S06.09				S24.12	国鉄	キハニ4	S47.03	飯山鉄道 キハニ4→買収 運輸通信省 キハニ4 (S19.06)→廃車 (S23.06)⇒上田丸子電鉄 ハフ102 (S24.09)→サハ22 (S25.01)→
支店	S06.09				S25.01	国鉄	キハニ2	*S42.08	飯山鉄道 キハニ2→買収 運輸通信省 キハニ2 (S19.06)→廃車 (S19.--)⇒上田丸子電鉄 ハフ103 (S24.09)→サハ22 (S25.01)→　　*事故廃車
支店	S09.12	自社工場	S42.--	電装解除 付随車化 台車変更	S09.12			S47.03	丸子鉄道 キハ1→ サハ代用 (S18.12)→モハ312 (S23.09)→モハ3122 (S25.07)→サハ22 (S42.--)→
支店	S06.09				S26.08	国鉄	キハニ1	S47.03	飯山鉄道 キハニ1→買収 運輸通信省 キハニ1 (S19.06)→廃車 (S23.06)⇒上田丸子電鉄 サハ23 (S25.09)→
支店	S06.09				S25.09	国鉄	キハニ3	S55.02	飯山鉄道 キハニ3→買収 運輸通信省 キハニ3 (S19.06)→廃車 (S19.--)⇒上田丸子電鉄 サハ24 (S26.05)→
支店	S06.09				S25.09	国鉄	キハニ5	S30.04	飯山鉄道 キハニ5→買収 運輸通信省 キハニ5 (S19.06)→廃車 (S23.06)⇒上田丸子電鉄 サ25 (S25.09)→廃車 (S30.04)→ 廃車体転用 モハ3221 鋼体化 (S32.10)→
支店	S08.06				S26.12	東武鉄道	キハ21	S28.03	秋田鉄道 ジハ6→買収 鉄道省 キハ36470 (S09.06)→キハ40300 (S12.10)→廃車 (S17.03)⇒東武鉄道 キハ21 (S19.03)→廃車 (S26.--)⇒上田丸子電鉄 サハ26 (S26.12) 廃車体転用 モハ3222 鋼体化 (S32.10)→
支店	S10.12				S31.07	東武鉄道	キハ11	S44.04	神中鉄道 キハ30→*東武鉄道 キハ11 (S18.10)→上田丸子電鉄 サハ27 (S31.05)→ *越生線客車代用→池袋詰所
工場	S33.06				S33.06			S47.03	江ノ島鎌倉観光 納涼車201 (S24.--)⇒東急横浜製作所改造→廃車 (S31.06)⇒上田丸子電鉄 廃車体流用改造 新製名義
支店	S12.10	自社工場	S38.02	車体改造 貫通化 天井鋼板化	S24.03	国鉄	キハ101	S59.03	飯山鉄道 キハ101→買収 運輸通信省 キハ101 (S19.06)→廃車 (S23.06)⇒上田丸子電鉄 ハフ101 (S24.03)→サハ41 (S25.07)→
支店	S12.10				S27.04	国鉄	キハ102	S43.03	飯山鉄道 キハ102→買収 運輸通信省 キハ102 (S19.06)→廃車 (S23.06)⇒上田丸子電鉄 サハ42 (S27.04)→
支店	T04.04				S40.10	東急電鉄	サハ3351 (351)	S55.02	鉄道院 デハ6316→廃車 (S02.07)⇒池上電鉄 デハ26 (S02.09)→目黒蒲田電鉄 モハ36 (S09.11)→東横電鉄 サハ1 (S11.04) 鋼体化 日本車輌→東急電鉄 サハ3351 (S17.05)→東横車輌 更新空車体→仮番 351⇒上田丸子電鉄 サハ61* (S42.05)→ *書類上 新製名義
支店	T04.04				S42.05	東急電鉄	サハ3352 (353)	S61.10	鉄道院 デハ6317→廃車 (S02.07)⇒池上電鉄 デハ27 (S02.09)→目黒蒲田電鉄 モハ37 (S09.11)→東横電鉄 サハ2 (S11.04) 鋼体化 日本車輌→東急電鉄 サハ3352 (S17.05)→サハ2 (S40.10)→仮番 353 廃車体⇒上田丸子電鉄 サハ62 (S42.05) 新製名義
支店	S12.04				S31.09	相模鉄道	クハ1501	S60.11	神中鉄道 キハ40→キハ50 (S14.02)→相模鉄道 キハ50 (S18.04)→ホハ50 (S19.01)→サハ50 (S20.06)→クハ1051 (S24.01)→クハ1501 (S26.11)→譲渡 (S31.05)⇒上田丸子電鉄 クハ252 (S31.07)→
支店	S15.02				S31.07	相模鉄道	クハ1502	S50.03	神中鉄道 キハ54→相模鉄道 キハ54 (S18.04)→ホハ54 (S19.01)→サハ54 (S20.06)→クハ1052 (S24.01)→クハ1502 (S26.11)→事故復旧 蒲田車輌 (S27.12)→譲渡 (S31.05)⇒上田丸子電鉄 クハ253 (S31.07)→
支店	T15.05	自社工場	S58.05	台車交換	S55.03	長野電鉄	モハ102	S61.10	長野電鉄 デハ102→モハ102 (S04.06)→廃車 (S53.09)⇒
本店	T14.12				S29.11	国鉄	クハ5101	S36.03	信濃鉄道 デハ3→ホハ7 (S12.02)→買収 鉄道省 クハ29002 (S12.06)→クハ5101 (S28.06)→廃車 (S29.04)⇒上田丸子電鉄 クハ262 (S29.11)→
支店	T12.05				S29.11	国鉄	クハ5910		伊那電鉄 デハ100→買収 鉄道省 デハ100 (S18.08)→クハ5910 (S28.06)→廃車 (S29.03)⇒上田丸子電鉄 クハ261 (S29.11)→
支店	T12.05	自社工場	S34.12	東急電鉄 クハ3224 (仮101) 車体転用鋼体化	S29.11	国鉄	クハ5910	S44.11	伊那電鉄 デハ100→買収 鉄道省 デハ100 (S18.08)⇒上田丸子電鉄 クハ261 (S29.11)→クハ271 (S34.12)→
船所	S02.10	自社工場	S57.10		S58.07	長野電鉄	モハ604	S61.10	長野電鉄 デハ354→モハ354 (S04.06)→モハ604 (S26.08)→廃車 (S55.10)⇒上田交通 クハ271 (S58.07)→廃車 (S61.10)⇒長野電鉄 返送 (S61.10)
車輌	S11.05				S35.12	相模鉄道	クハ2501	S50.03	東京横浜電鉄 キハ3→神中鉄道 キハ3 (S14.08)→相模鉄道 キハ3 (S18.04)→クハ1111 (S24.07)→クハ2501 (S26.11)→廃車 (S35.12)⇒上田丸子電鉄 クハ272 (S35.12)→
車輌	S11.05				S37.06	相模鉄道	クハ2505	S59.03	東京横浜電鉄 キハ1→神中鉄道 キハ1 (S15.10)→相模鉄道 キハ1 (S18.04)→クハ1115 (S24.07)→クハ2505 (S26.11)→譲渡 (S37.06)⇒上田丸子電鉄 クハ273 (S37.06)→
車輌	S31.03	東横車輌	S58.09	制御車化改造	S58.11	東急電鉄	サハ5358	S61.10	東急電鉄 サハ5058→サハ5358 (S34.08)→廃車 (S58.10)⇒
車輌	S33.06	東横車輌	S58.09	制御車化改造	S58.11	東急電鉄	サハ5371	S61.10	東急電鉄 サハ5071→サハ5371 (S34.08)→廃車 (S58.10)⇒
工場	*2M40.06	自社工場	S24.08	電動貨車デワ1→電動客車化改造	T10.10	玉川電鉄		S36.03	玉川電気軌道 9→上田温泉電軌 9 (T10.06)→電動貨車化 (T13.11)→上田温泉電軌 デワ1 (S14.09)→上田丸子電鉄 デワ1 (S18.10)→デ1 (S24.--)→モハ1111 (S25.07)→竣功図 *1名古屋電車製作所 *2T13.10
工場	M40.06				T10.06	玉川電鉄		S32.05	玉川電気軌道 2→上田温泉電軌 2 (T10.06)→上田電鉄 デ2 (S14.09)→(S13.-- 廃車 デ7車体振替)→上田丸子電鉄 デ2 (S18.10)→モハ1112 (S25.07)→
工場	T08.10				T10.09	玉川電鉄		S32.05	玉川電気軌道 8→上田温泉電軌 8 (T10.09)→上田電鉄 デ8 (S14.09)→上田丸子電鉄 デ8 (S18.10)→モハ1113 (S25.07)→
目	S22.10	自社工場	S41.--	片側貫通扉設置	S25.06	近江鉄道	クハ23	S47.06	近江鉄道 クハ23→上田丸子電鉄 クハ23 (S25.02)→モハ2321 (S25.07)→廃車 (S47.06)⇒銚子電鉄 モハ501 (S47.08)→廃車 (H11.03)
目	S22.10	自社工場	S41.--	片側貫通扉設置	S25.02	近江鉄道	クハ25	S50.03	近江鉄道 クハ25→上田丸子電鉄 クハ (モハ) 25 (S25.02)→モハ2322 (S25.07)→
支店	S23.12	自社工場	S38.01	片運転台撤去	S38.02	*山梨交通	モハ7,8	S61.04	⇒江ノ島鎌倉観光 802,801 (S46.10)→廃車 (S61.04)→ *営業廃止 (S37.06.30)
支店	S11.06	三葉製作	S23.04	電動客車化	S19.04	善光寺白馬	ゼ100	S44.11	善光寺白馬電鉄 ゼ100→営業休止 (S19.01)→上田丸子電鉄 キハ301 (S19.--)→モハ311 (S23.04)→モハ3121 (S25.07)→
支店	S09.12	三葉製作	S25.07	電動客車化	S09.12			S47.03	丸子鉄道 キハ1→ サハ代用 (S18.12)→モハ312 (S23.09)→モハ3122 (S25.07)→サハ22 (S42.--)→
支店	T11.12				S21.12	相模鉄道	モハ4	S38.04	目黒蒲田電鉄 デハ4→モハ4 (S04.--)⇒神中鉄道 モハ4 (S17.05)→相模鉄道 モハ4 (S18.04)⇒上田丸子電鉄 モハ11 (S22.12)→モハ3211 (S25.07)→廃車 (S38.04)⇒越後交通 ホハ33 (S39.--)→廃車 (S42.--)
支店	T11.12				S21.12	相模鉄道	モハ5	S38.04	目黒蒲田電鉄 デハ5→モハ5 (S04.--)⇒神中鉄道 モハ5 (S17.05)→相模鉄道 モハ5 (S18.04)⇒上田丸子電鉄 モハ12 (S22.12)→モハ3212 (S25.07)→廃車 (S38.04)⇒越後交通 ホハ34 (S39.--)→廃車 (S42.--)

形 式	番 号	使用線区	車体寸法 最大長 mm	最大幅 mm	最大高 mm	自重 ton	定員(座席)	台車 製造所	形式	軸距 mm	制御器 製造所	形式・制御方式	主電動機 製造所	形式	出力×
モハ3210	3213	丸子線	11,370	2,680	4,140	16.3	64(32)	ブリル	76E-1	1,470	WH	電磁空気単位SW 間接非自動	WH	WH-546-8	48
モハ3220	3223	丸子線	11,720	2,640	4,422	16.3	78(20)	ブリル	76E-1	1,470	東洋	電磁空気単位SW 間接非自動	WH	WH-546-8	48
モハ3210	3214	丸子線	11,370	2,680	4,140	16.3	64(32)	ブリル	76E-1	1,470	WH	電磁空気単位SW 間接非自動	WH	WH-546-8	48
モハ3220	3224	丸子線	11,720	2,640	4,422	16.3	78(20)	ブリル	76E-1	1,470	東洋	電磁空気単位SW 間接非自動	WH	WH-546-8	48
デハ3300	3310	別所線	15,900	2,740	4,169	33.0	115(40)		TR10	2,184	日立	MMC H-200AR 電動カム軸 間接自動	三菱	MB-304-AR	75.
モハ3330	3331	丸子線	12,929	2,591	3,874	19.0	60(38)	ブリル	77E-1	1,981	日立	PR-150 電空カム軸 間接自動	WH	WH-546-8	48
モハ3330	3332	丸子線	12,929	2,591	3,874	19.0	60(38)	ブリル	77E-1	1,981	日立	PR-150 電空カム軸 間接自動	WH	WH-546-8	48
モハ3350	3351	丸子線	15,344	2,630	3,977	27.5	100(44)	日車本店	MCB型 E-16	2,140	日立	PR-150 電空カム軸 間接自動	WH	WH-546-8	48
モハ3350	3352	丸子線	15,344	2,630	3,977	27.5	100(44)	日車本店	MCB型 E-16	2,140	日立	PR-150 電空カム軸 間接自動	WH	WH-546-8	48
クハ3660	3661	別所線	15,840	2,735	3,886	22.5	130(40)		TR11	2,450					
クハ3770	3772	別所線	17,840	2,740	3,800	29.2	130(52)		TR11	2,450					
モハニ4250	4251〜4254	真田傍陽線	14,833	2,635	4,128	33.0	66(30)	川崎造船所	BW 78-25A系	2,134	三菱	電磁空気単位SW 間接非自動	三菱	MB-64C	59
モハ4250	4255	真田傍陽線	15,545	2,735	4,127	32.8	130(42)	汽車会社	BW 78-25A系	2,130	三菱	電磁空気単位SW 間接非自動	東芝	SE-119	55
モハ4250	4256	真田傍陽線	15,545	2,735	4,127	32.8	130(42)	日車本店	D-16	2,140	三菱	電磁空気単位SW 間接非自動	東芝	SE-119	55
モハ4250	4257	真田傍陽線→別所線	15,240	2,730	4,092	31.0	130(46)	ブリル	27MCB-2	2,135	三菱	電磁空気単位SW 間接非自動	三菱	MB-64-C	59
モハ4260	4261	真田傍陽線	16,064	2,730	4,141	31.5	96(48)	汽車会社	BW 78-25A系	2,130	三菱	電磁空気単位SW 間接非自動	三菱	MB-64-C	59
モハ4360	4361,62,63	丸子線	16,000	2,720	4,170	28.5	130(44)	ブリル	27MCB-2	2,135	日立	MC H-200A 電動カム軸 間接自動	東洋	TDK-315-P	55
モハ5250	5251,52,53	別所線	14,719	2,591	3,785	31.9	100(40)	日車本店	D-16	1,981	三菱	電磁空気単位SW 間接非自動	三菱	MB-98-A (MT-34)	74
モハ5260	5261 I	別所線	16,040	2,642	4,147	35.1	84(--)		TR14	2,438	三菱	電磁空気単位SW 間接非自動	東芝	SE-102	78
モハ5260	5261 II	別所線	16,650	2,705	4,030	30.0	100(52)	汽車会社	2H-4	2,130		電磁空気単位SW 間接非自動	WH	WH-556-J6	74
モハ5270	5271 I	丸子線	17,120	2,710	4,364	35.0	135(49)		TR14	2,438	三菱	電磁空気単位SW 間接非自動	東芝	SE-102	78
モハ5270	5271 II	別所線	17,120	2,705	4,210	31.7	100(48)	帝国車輌	UD-26 (UD-16)	2,250	三菱	電磁空気単位SW 間接非自動	WH	WH-556-J6	74
モハ5360	5362	真田傍陽線	16,800	2,700	3,735	25.0	100(--)	ブリル	27MCB-2	2,135	日立	PR-150 電空カム軸 間接自動			
モハ5370	5371	真田傍陽線→別所線	17,030	2,700	4,122	33.5	140(40)	汽車会社	BW 78-25A系	2,130	日立	MC H-200A 電動カム軸 間接自動	WH	WH-556-J6	74
モハ5360	5363	別所線	16,800	2,700	4,112	32.2	100(--)	ブリル	27MCB-2	2,135	日立	PR-150 電空カム軸 間接自動			
モハ5370	5372	別所線	17,030	2,700	4,122	33.5	140(40)	日車本店	D-16B	2,130	日立	MC H-200A 電動カム軸 間接自動	WH	WH-556-J6	74
EB4110	EB4111	丸子線→別所線	5,704	2,286	4,037	19.0		GE	板台枠	1,830	GE	K-35 直接制御	GE	HM-829	56
ED2210	ED2211	丸子線→別所線	9,687	2,734	4,073	25.0		ブリル	27E	1,372		電磁空気単位SW 間接非自動	WH	WH-101-1	37
ED25	ED251	丸子線→別所線	8,790	2,665	4,100	25.0		ブリル	27MCB-2	2,134		電磁空気単位SW 間接非自動	WH	WH-558-J6	74

				車 両 履 歴					備考
所	製造年月	改造所	改造年月	改造内容	使用開始年月	前所有	旧番号	廃車年月	
店	T12.07				S22.09	相模鉄道	モハ10		目黒蒲田電鉄 デハ10→モハ10 (S04.--) ⇒神中鉄道 モハ10 (S17.05) ⇒上田丸子電鉄 モハ13 (S22.09) →モハ3213 (S25.07) →
店	T12.07	自社工場	S31.11	サハ25 廃車体転用 モハ3221 鋼体化	S22.09	相模鉄道	モハ10	S44.04	目黒蒲田電鉄 デハ10→モハ10 (S04.--) ⇒神中鉄道 モハ10 (S17.05) ⇒上田丸子電鉄 モハ13 (S22.09) →モハ3213 (S25.07) →モハ3221 (S31.11) →モハ3223 (S32.10) 改番→
店	T12.07				S24.--	静岡鉄道	モハ9		目黒蒲田電鉄 デハ9→モハ9 (S04.--) ⇒神中鉄道 モハ9 (S17.05) ⇒静岡鉄道 モハ9 (S22.12) 未竣功⇒上田丸子電鉄 モハ14 (S24.--) →モハ3214 (S25.07) →
店	T12.07	自社工場	S32.10	サハ26 廃車体転用 モハ3222 鋼体化	S24.--	静岡鉄道	モハ9	S44.04	目黒蒲田電鉄 デハ9→モハ9 (S04.--) ⇒神中鉄道 モハ9 (S17.05) ⇒静岡鉄道 モハ9 (S22.12) 未竣功⇒上田丸子電鉄 モハ14 (S24.--) →モハ3214 (S25.07) →モハ3222 (S32.10) 改番→
工場	T03.12	自社工場	S54.04	両運転台化	S50.12	東急電鉄	デハ3310	S61.10	鉄道院 デハ6313⇒池上電鉄 デハ23 (T15.--) →目蒲電鉄 モハ33 (S02.09) →モハ160 (S15.02) 鋼体化 川崎車輛→デハ3310 (S17.05) →貸与 (S50.07) →譲渡 (S54.03) ⇒上田交通 デハ3310→
店	T13.03	自社工場	S30.09	制御方式変更 制動方式変更・改番	T13.03			S40.05	丸子鉄道 ホハ101→デ101 (S--.--) →上田丸子電鉄 モハ111 (S18.10) →モハ3131 (S25.07) →モハ3331 (S30.09) →
店	T13.03	自社工場	S30.09	制御方式変更 制動方式変更・改番	T13.03			S40.05	丸子鉄道 ホハ102→デ102 (S--.--) →上田丸子電鉄 モハ112 (S18.10) →モハ3132 (S25.07) →モハ3332 (S30.09) →
店	T14.07	自社工場	S30.09	制御方式変更・改番	T14.08			S44.11	丸子鉄道 ホハ201→デ201 (S--.--) →上田丸子電鉄 モハ211 (S18.10) →モハ3151 (S25.07) →モハ3351 (S30.09) →
店	T14.07	自社工場	S30.09	制御方式変更・改番	T14.08			S44.11	丸子鉄道 ホハ202→デ202 (S--.--) →上田丸子電鉄 モハ212 (S18.10) →モハ3152 (S25.07) →モハ3352 (S30.09) →
工場	M44.--				S50.12	東急電鉄	クハ3661	S58.10	京浜電鉄 デ27→ク27 (S08.07) ⇒東急電鉄 クハ5213 (17.05) →*クハ3661 (S22.10) 車体新製 川崎車輛→廃車 (S54.03) ⇒*復旧名義
店	T11.--				S58.11	東急電鉄	クハ3772	S61.10	鉄道省 サハ33771→サハ25083 (S03.10) →クハ65147 (S16.03) 鋼体化 大井工場→戦災廃車 (S21.01) ⇒東急電鉄 クハ3772 (S23.04) 東急横浜製作所車体復旧→車体更新 (S36.04) 東横車輛→廃車 (S57.09) ⇒
船	S02.10	自社工場	*S38.--	車体更新	S02.11			S49.04	上田温泉電軌 デナ101,2,3,4→上田電鉄 デナ101,2,3,4 (S14.09) →上田丸子電鉄 モハ101,2,3,4 (S18.10) →モハ4251,52,53,54 (S25.07) →*車体更新 4252 (S37.12)・4253 (S36.09)・4254 (S36.04)
蔵工	S05.08				S33.11	国鉄	モハ1501		鶴見臨港鉄道 モハ104→モハ114 (S15.04) →買収 鉄道省 モハ114 (S18.07) →モハ1501 (S28.06) →廃車 (S30.06) ⇒上田丸子電鉄 モハ4255→
蔵工	S05.08				S33.11	国鉄	モハ1504	S47.11	鶴見臨港鉄道 モハ108→モハ118 (S15.04) →買収 鉄道省 モハ118 (S18.07) →モハ1504 (S28.06) →廃車 (S32.07) ⇒上田丸子電鉄 モハ4256 (S33.11) →廃車 (S47.11) →弘南鉄道 モハ111 (S48.07) →クハ205 (S48.07) →廃車 (S55.03)
店	S04.05	自社工場	S37.08	電動車化	S29.11	富士山麓	モハ501	S58.10	富士山麓電鉄 モハ501→モハ501 (更新空車体) (S28.06) ⇒上田丸子電鉄 クハ251 (S29.11) →モハ4257 (S37.08) →
店	S04.10	自社工場	S39.08	車体更新 制御装置変更	S23.--	東武鉄道	モハ1003	S47.11	総武鉄道 モハ1003 (S04.11) →東武鉄道 モハ1003 (S19.03) ⇒上田丸子電鉄 モハ1001 (S22.11) →モハ5361 (S25.07) →モハ4261 (S39.09) →廃車 (S47.01) ⇒弘南鉄道 モハ110 (S48.07) →廃車 (S55.03)
日	T15.04	東横車輛	S33.11	窓・運転室仕切 室内灯 変更	S33.11	東急電鉄	デハ3110 デハ3111 デハ3112	S45.08	目黒蒲田電鉄 モハ110,11,12→東急電鉄 デハ3110,11,12 (S17.05) →廃車 (S33.11) ⇒
店	S03.05				S03.05			S61.10	上田温泉電軌 デナ201,2,3→上田電鉄 デナ201,2,3 (S14.09) →上田丸子電鉄 モハ201,2,3 (S18.10) →モハ5251,52,53 (S25.07) →
店	T12.05				S29.10	国鉄	モハ1901		伊那電鉄 デハ102→買収 鉄道省 デハ102 (S18.08) →モハ1901 (S28.06) →廃車 (S29.03) ⇒上田丸子電鉄 モハ5261 (S29.10) →
社	S08.04	東横車輛	S56.08	戸閉方式変更 電灯改造工事	S54.02	長野電鉄	モハ201	S61.10	長野電鉄 モハ111→モハ201 (S28.06) →廃車 (S53.09) ⇒上田交通 (S53.04) 廻着→
店	T12.05	自社工場	S34.11	東急電鉄 クハ3222 (仮102) 車体転用鋼体化	S29.10	国鉄	モハ1901	S44.11	伊那電鉄 デハ102→買収 鉄道省 デハ102 (S18.08) →モハ1901 (S28.06) →廃車 (S29.03) ⇒上田丸子電鉄 モハ5271 (S34.11) →
船	S02.08	東横車輛	S56.08	車体改造 保安ブレーキ取付	S56.08	長野電鉄	モハ612	S61.10	長野電鉄 モハ352→モハ352 (S04.06) →モハ602 (S28.06) →モハ612 (S42.09) →廃車 (S55.04) ⇒上田交通 (S55.04) 廻着→
本店	S02.--				S29.12	国鉄	クハ5100		信濃鉄道 デハ5→買収 鉄道省 モハ20004 (S12.06) →モハ1102 (S28.06) →クハ5110 (S29.09) →クハ5100 (書替) →廃車 (S29.09) ⇒上田丸子電鉄 モハ5262 (S29.12) →モハ5362 (S33.--) →
本店	S02.--	自社工場	S35.08	小田急電鉄 クハ1651・53 更新空車体転用	S29.12	国鉄	クハ5100	S61.10	信濃鉄道 デハ5→買収 鉄道省 モハ20004 (S12.06) →モハ1102 (S28.06) →クハ5110 (S29.09) →クハ5100 (書替) 廃車 (S29.09) ⇒上田丸子電鉄 モハ5262 (S29.12) →モハ5362 (S33.--) →モハ5371 (S35.08) → *窓配置変更 東横車輛
本店	T15.07				S30.09	国鉄	モハ1100		池上鉄道 デハ2⇒信濃鉄道 デハ1 (S12.02) →買収 鉄道省 モハ20001 (S12.06) →モハ1100 (S28.06) →廃車 (S30.03) ⇒上田丸子電鉄 モハ5263 (S30.09) →モハ5363 (S33.--) →
本店	T15.07	自社工場	S35.05	小田急電鉄 クハ1651・53 更新空車体転用	S30.09	国鉄	モハ1100	S61.10	池上鉄道 デハ2⇒信濃鉄道 デハ1 (S12.02) →買収 鉄道省 モハ20001 (S12.06) →モハ1100 (S28.06) →廃車 (S30.03) ⇒上田丸子電鉄 モハ5263 (S30.09) →モハ5363 (S33.--) →*モハ5372 (S35.05) →*窓配置変更 東横車輛
	T13.03				T13.03			S50.03	丸子鉄道 A1→上田丸子電鉄 A (S18.10) →EB1 (S24.--) →EB4111 (S25.07) →
業	S12.01	自社工場	S37.07	制御方式変更 直接式⇒間接非自動	S12.01			S44.04	丸子鉄道 B2→上田丸子電鉄 B2 (S18.10) →ED2 (S24.--) →ED2111 (S25.07) →ED2211 (S37.07) →
目	S12.--				S36.11	国鉄	ED251	S61.10	宇部電鉄 デキ11→宇部鉄道 デキ11 (S16.12) →買収 鉄道省 デキ11 (S18.06) →ED251 (S27.--) →廃車 (S35.05) ⇒

形　式	番　号	車　体　寸　法 最大長 mm	最大幅 mm	最大高 mm	自重 ton	定員(座席)	台　車 製造所	形式	軸距 mm	制御器 製造所	形式・制御方式	主電動機 製造所	形式	出力kw ×台数	製造所	製造年
モハ0	1	20,000	2,743	4,220	36.0	160 (54)	日車支店	NA-18	2,200	三菱	ABFM-184-15MH 電動カム軸 間接自動	三菱	MB-3068-B	135.0×4	日車支店	S41.0
モハ0	2	20,000	2,743	4,220	36.0	160 (54)	日車支店	NA-18	2,200	三菱	ABFM-184-15MH 電動カム軸 間接自動	三菱	MB-3068-B	135.0×4	日車支店	S41.0
モハ10	11	20,000	2,740	4,100	36.0	160 (62)	日車支店	NA-36	2,100	三菱	ABFM-204-15MDH 電動カム軸 間接自動	三菱	MB-3266-A	150.0×4	日車支店	S55.1
クハ50	51	20,000	2,743	3,865	28.0	160 (54)	日車支店	NA-18T	2,200						日車支店	S41.0
クハ50	52	20,000	2,743	3,865	28.0	160 (54)	日車支店	NA-18T	2,200						日車支店	S41.1
クハ60	61	20,000	2,740	3,871	28.0	160 (62)	日車支店	NA-36T	2,100						日車支店	S55.1
モハ100	101	16,650	2,734	4,061	30.1	100 (52)	汽車支店	2H4	2,134	WH	電磁空気単位SW 間接非自動	WH 三菱	556-J6	74.6×4	汽車支店	T15.0
モハ100	102	16,650	2,734	4,061	30.1	100 (52)	汽車支店	2H4	2,134	WH	電磁空気単位SW 間接非自動	WH 三菱	556-J6	74.6×4	汽車支店	T15.0
モハニ130	131	16,650	2,734	4,061	30.1	78 (40)	汽車支店	2H4	2,134	WH	電磁空気単位SW 間接非自動	WH 三菱	556-J6	74.6×4	汽車支店	T15.0
モハニ130	132	16,650	2,734	4,061	30.1	78 (40)	汽車支店	2H4	2,134	WH	電磁空気単位SW 間接非自動	WH 三菱	556-J6	74.6×4	汽車支店	T15.0
モハ200	201	16,650	2,705	4,036	30.0	100 (52)	汽車支店	2H4	2,134	WH	電磁空気単位SW 間接非自動	WH 三菱	556-J6	74.6×4	汽車支店	S08.0
モハニ230	231	16,650	2,705	4,036	30.0	80 (40)	汽車支店	2H4	2,134	WH	電磁空気単位SW 間接非自動	WH 三菱	556-J6	74.6×4	汽車支店	S08.0
モハ300	301	16,650	2,715	4,036	27.2	100 (50)	汽車支店	2H4	2,134	三菱	電磁空気単位SW 間接非自動	WH 三菱	556-J6	74.6×4	汽車支店	S16.0
モハ300	302	16,650	2,715	4,036	27.2	100 (50)	汽車支店	2H4	2,134	三菱	電磁空気単位SW 間接非自動	WH 三菱	556-J6	74.6×4	汽車支店	S16.0
モハ400	401	15,939	2,714	4,092	38.6	100 (50)	住友製鋼	KS-30L	2,134	DK	電動カム軸 間接自動	DK	DK-91	90.0×4	日車支店	T15.0
モハ410	411	15,939	2,714	4,092	32.0	100 (50)	汽車支店	2H4	2,134	WH	電磁空気単位SW 間接非自動	WH 三菱	556-J6	74.6×4	日車支店	T15.0
クハ450	451	15,939	2,714	3,728	29.5	100 (50)	住友製鋼	KS-30L	2,134						日車支店	T15.0
モハニ530	531	16,650	2,734	4,061	30.1	78 (48)	汽車支店	2H4	2,134	WH	電磁空気単位SW 間接非自動 HB	WH 三菱	556-J6	74.6×4	汽車支店	T15.1
モハニ530	532	16,650	2,734	4,061	30.1	78 (48)	汽車支店	2H4	2,134	WH	電磁空気単位SW 間接非自動 HB	WH 三菱	556-J6	74.6×4	汽車支店	T15.1
モハ600	603	17,120	2,705	4,210	31.4	100 (52)	帝国車輛	UD-26 (UD-16)	2,250	WH	電磁空気単位SW 間接非自動 HB	WH 三菱	556-J6	74.6×4	川崎造船	S02.1
モハ600	604	17,120	2,705	4,210	31.4	100 (52)	日車本店	UD-26 (UD-16)	2,250	WH	電磁空気単位SW 間接非自動 HB	WH 三菱	556-J6	74.6×4	川崎造船	S02.1
モハ610	611	17,120	2,705	4,210	31.7	100 (48)	帝国車輛	UD-26 (UD-16)	2,250	WH	電磁空気単位SW 間接非自動 HB	WH 三菱	556-J6	74.6×4	川崎造船	S02.0
モハ610	612	17,120	2,705	4,210	31.7	100 (48)	日車本店	D-16B	2,250	WH	電磁空気単位SW 間接非自動 HB	WH 三菱	556-J6	74.6×4	川崎造船	S02.0
モハ1000	1001	17,600	2,744	4,118	36.0	120 (50)	日車支店	D-18	2,200	三菱	電磁空気単位SW 間接非自動	WH 三菱	556-J6	74.6×4	日車支店	S23.1
モハ1000	1002	17,600	2,744	4,118	36.0	120 (50)	日車支店	D-18	2,200	三菱	電磁空気単位SW 間接非自動	WH 三菱	556-J6	74.6×4	日車支店	S23.1
モハ1000	1003	17,600	2,744	4,118	36.0	120 (50)	日車支店	D-18	2,200	三菱	電磁空気単位SW 間接非自動	WH 三菱	556-J6	74.6×4	日車支店	S24.1
モハ1000	1004	17,600	2,744	4,118	36.0	120 (50)	日車支店	D-18	2,200	三菱	電磁空気単位SW 間接非自動	WH 三菱	556-J6	74.6×4	日車支店	S24.1
モハ1010	1011	17,600	2,744	4,118	36.0	120 (48)	日車支店	D-18	2,200	WH	電磁空気単位SW 間接非自動	WH 三菱	556-J6	74.6×4	日車支店	T12.0
モハ1010	1012	17,600	2,744	4,118	36.0	120 (48)	日車支店	D-18	2,200	WH	電磁空気単位SW 間接非自動	WH 三菱	556-J6	74.6×4	日車支店	T12.0
クハ1050	1051	17,600	2,744	3,835	29.0	120 (50)	日車支店	TR-10	2,184						日車支店	S23.1
クハ1050	1052	17,600	2,744	3,835	29.0	120 (50)	日車支店	TR-10	2,184						日車支店	S23.1
クハ1060	1061	17,600	2,744	3,835	29.0	120 (48)	日車支店	TR-10	2,184						日車支店	T11.0
クハ1060	1062	17,600	2,744	3,835	29.0	120 (48)	日車支店	TR-10	2,184						日車支店	T11.0
モハ1	1 Ⅰ	16,800	2,710	4,113	32.2	100 (--)	ブリル	27-MCB-2	2,140	WH	電磁空気単位SW 間接非自動	WH	556-J6 (MT33)	74.6×4	日車本店	T14.1
モハ1100	1101	18,600	2,744	4,175	34.0	140 (68)	帝国車輛	UD-26 (UD-16)	2,250	WH	電磁空気単位SW 間接非自動	三菱	556-J6R	74.6×4	日車本店	T14.1
クハニ60	61	16,800	2,710	3,713	24.9	66 (--)	ブリル	27-MCB-2	2,140						日車本店	T14.1
モハ1100	1102	18,600	2,744	4,175	34.0	140 (68)	帝国車輛	UD-26 (UD-16)	2,250	WH	電磁空気単位SW 間接非自動	三菱	556-J6R	74.6×4	日車本店	T14.1
クハ50	51	16,800	2,710	3,713	25.5	100 (--)	ブリル	27-MCB-2	2,140						日車本店	T14.1
クハ1150	1151	18,600	2,744	3,770	25.5	140 (68)	帝国車輛	UD-26 (UD-16)	2,250						日車本店	T14.1
モハ1500	1501	17,600	2,744	4,118	36.0	120 (50)	新扶桑	KS-33E	2,200	三菱	電磁空気単位SW 間接非自動	WH 三菱	556-J6	74.6×4	日車支店	S26.0
モハ1500	1502	17,600	2,744	4,118	36.0	120 (50)	新扶桑	KS-33E	2,200	三菱	電磁空気単位SW 間接非自動	WH 三菱	556-J6	74.6×4	日車支店	S26.0
クハ1550	1551	17,600	2,744	3,835	29.0	120 (50)	日車支店	TR-10	2,184						日車支店	T11.0
クハ1550	1552	17,600	2,744	3,835	29.0	120 (50)	日車支店	TR-10	2,184						日車支店	T11.0

車 両 履 歴							備考
改造所	改造年月	改造内容	使用開始年月	前所有	旧番号	廃車年月	
社工場	S46.11	制動装置改善工事	S41.02			H08.12	
社工場	S46.11	制動装置改善工事	S41.11			H08.09	
			S55.12			H15.03	
			S41.02			H08.12	
			S41.11			H08.09	
			S55.12			H15.03	
			T15.06			S52.11	デハ101→モハ101 (S04.06) →
			T15.06			S53.09	デハ102→モハ102 (S04.06) →廃車 (S53.09) ⇒上田交通 クハ261→廃車 (S61.10)
日本車輌	S35.12	自動扉改造	T15.06			S55.04	デハニ201→モハニ201 (S04.06) →モハニ111 (S28.06) →モハニ131 (S42.09) →
日本車輌	S35.12	自動扉改造	T15.06			S52.11	デハニ202→モハニ202 (S04.06) →モハニ112 (S28.06) →モハニ132 (S42.09) →
社工場	S37.03	天井鋼板張替	S08.--			S53.09	モハ103→モハ111→モハ201 (S28.06) →
社工場	S36.03	天井鋼板張替	S08.--			S52.11	モハニ211→モハニ231 (S42.09) →
社工場	S36.12	天井鋼板張替	S16.--			S53.04	モハ151→モハ301 (S28.06) →廃車 (S53.04) ⇒福井鉄道 モハ141-1 (S54.03) →廃車 (H18.04)
社工場	S37.05	天井鋼板張替	S16.--			S53.04	モハ152→モハ302 (S28.06) →廃車 (S53.04) ⇒福井鉄道 モハ142-1 (S54.10) →廃車 (H18.04)
社工場	S40.07	基礎制動装置改造	S23.01	東武鉄道	デハ12	S52.11	東武鉄道 ホハ52→デハ12 (S02.--) ⇒長野電鉄 モハ132 (S23.01) →モハ402 (S28.06) →モハ401 (S42.03) →
社工場	S31.11	制御装置変更 台車変更	S22.07	東武鉄道	デハ13	S52.11	東武鉄道 ホハ53→デハ13 (S02.--) ⇒長野電鉄 モハ131 (S22.07) →モハ401 (S28.06) →モハ421 (S31.11) →モハ411 (S42.09) →
社工場	S42.03	電装解除制御車化 (モハ403 電装解除状態)	S23.03	東武鉄道	デハ11	S52.11	東武鉄道 ホハ51→デハ11 (S02.--) ⇒長野電鉄 モハ133 (S23.03) →モハ403 (S28.06) →モハ451 (S42.03) →
社工場	S37.08	天井張替	T15.--			S53.11	デハニ203→デハニ251 (S04.01) →モハニ251 (S04.06) →モハニ511 (S28.06) →モハニ531 (S42.09) →
社工場	S37.02	天井張替	T15.--			S53.11	デハニ204→デハニ252 (S04.01) →モハニ252 (S04.06) →モハニ512 (S28.06) →モハニ532 (S42.09) →
車支店	S41.06	台車 (BW-A系) 変更	S02.--			S55.04	デハ353→モハ353 (S04.06) →モハ603 (S28.06) →
車支店	S41.08	台車 (BW-A系) 変更	S02.--			S55.10	デハ354→モハ354 (S04.06) →モハ604 (S28.06) →廃車 (S55.10) ⇒上田交通 クハ271 (S58.07) →廃車 (S61.10) ⇒長野電鉄 返却 (S61.10)
車支店	S41.05	1位側乗務員室改造 台車 (BW-A系) 変更	S02.--			S55.10	デハ351→モハ351 (S04.06) →モハ601 (S28.06) →モハ611 (S42.09) →
車支店	S46.05	1位側乗務員室改造 台車 (BW-A系) 変更	S02.--			S55.04	デハ352→モハ352 (S04.06) →モハ602 (S28.06) →モハ612 (S42.09) →
社工場	S33.03	貫通路取付	S24.01			S55.12	モハ1002→モハ1001 (S29.08) →
社工場	S33.06	貫通路取付	S24.01			S55.12	モハ1004→モハ1002 (S29.08) →
社工場	S33.07	貫通路取付	S24.11			S60.11	モハ1005→モハ1003 (S29.08) →
社工場	S33.07	貫通路取付	S24.11			S60.11	モハ1006→モハ1004 (S29.08) →
車支店	S28.05 S29.08	鋼体化改造 電装化	S28.09			S55.12	河東鉄道 フホロハ3→フホハ52 (S15.05) →デハニ13 (S03.05) →モハニ13 (S04.06) →モハ21 (S18.06) →クハ53 (S24.04) →クハニ1063 (S28.05) 鋼体化→モハニ1011 (S29.08) →モハニ1031 (S42.09) →モハ1011 (45.09) →
車支店	S28.05 S29.08	鋼体化改造 電装化	S28.09			S55.10	河東鉄道 フホハ5→デハ5 (T15.03) →モハ5 (S04.06) →モハニ14 (T09.04) →モハ22 (S18.06) →クハ54 (S24.03) →クハニ1064 (S28.05) 鋼体化→モハニ1012 (S29.08) →モハニ1032 (S42.09) →モハ1012 (45.09) →
	S29.08	電装解除制御車化	S24.01			S55.12	モハ1001→クハ1051 (S29.08) →
	S29.08	電装解除制御車化	S24.01			S60.11	モハ1003→クハ1052 (S29.08) →
車支店	S28.07 S46.11	鋼体化改造 荷物室撤去	T11.06			S56.03	河東鉄道 フホロハ1→デハ11 (T15.05) →デハニ11 (S03.03) →モハ11 (S04.06) →クハニ61 (S24.02) →クハニ1061 (S28.07) 鋼体化→クハニ1081 (S42.09) →クハ1061 (S46.11) →
車支店	S28.07 S46.11	鋼体化改造 荷物室撤去	T11.06			S55.04	河東鉄道 フホロハ2→フホハ51 (T15.05) →デハニ12 (S03.03) →モハニ12 (S04.06) →クハニ62 (S24.03) →クハニ1062 (S28.07) 鋼体化→クハニ1082 (S42.09) →クハ1062 (S46.11) →
			S30.03	国鉄	モハ1103		信濃鉄道 デハ6→買収 (S12.06) モハ20005→モハ1103 (S28.06) →廃車 (S30.02) ⇒長野電鉄 モハ1 (S30.03) →
車支店	S36.09	鋼体化改造 台車変更	S30.03	国鉄	モハ1103	S54.01	信濃鉄道 デハ6→買収 (S12.06) モハ20005→モハ1103 (S28.06) →廃車 (S30.02) ⇒長野電鉄 モハ1 (S30.03) →モハ1101 (S36.09) 鋼体化 (日車支店) →廃車 (S54.01) ⇒豊橋鉄道 モ1811 (S54.04) →廃車 (H09.09)
			S30.04	国鉄	クハユニ7100		信濃鉄道 ハユニ1→デハユニ1 (S07.--) →買収 (12.06) モハユニ21001 →モハユニ3100 (S28.06) →クハユニ7100 (S29.04) →廃車 (S30.03) ⇒長野電鉄 クハニ61 (S30.04) →
車支店	S36.09	鋼体化改造 台車変更	S30.04	国鉄	クハユニ7100	S54.01	信濃鉄道 ハユニ1→デハユニ1 (S.----) →買収 (S12.06) モハユニ21001 →モハユニ3100 (S28.06) →クハユニ7100 (S29.04) →廃車 (S30.03) ⇒長野電鉄 クハニ61 (S30.04) →モハ1102 (S36.09) 鋼体化 (日車支店) →廃車 (S54.01) →伊予鉄道 モハ603 (S54.11) →廃車 (H07.01)
			S30.05	国鉄	クハ5110		信濃鉄道 ホハ1→買収 (S12.06) クハ29001→クハ5100 (S28.06) →クハ5110 (車体振替) →廃車 (S29.03) ⇒長野電鉄 クハ51 (S30.05) →
車支店	S36.09	鋼体化改造 台車変更	S30.05	国鉄	クハ5110	S54.01	信濃鉄道 ホハ1→買収 (S12.06) クハ29001→クハ5100 (S28.06) →クハ5110 (車体振替) →廃車 (S29.03) ⇒長野電鉄 クハ51 (S30.05) →クハ1151 (S36.07) 鋼体化・台車変更 (日車支店) →廃車 (S54.01) ⇒豊橋鉄道 ク2811 (S54.04) →廃車 (H09.09)
社工場	S33.12	貫通路取付	S26.--			H11.03	モハ1051→モハ1501 (S28.07) →
社工場	S33.12	貫通路取付	S26.--			H05.07	モハ1052→モハ1502 (S28.07) →
車支店 社工場	S27.12 S33.12	鋼体化改造 貫通路取付	T11.06			S53.11	河東鉄道 フホハ3→デハ3 (T15.01) →クハ51 (S04.06) →クハ1551 (S27.12) 鋼体化→
車支店 社工場	S28.02 S34.05	鋼体化改造 貫通路取付	T11.06			S60.11	河東鉄道 フホハ4→デハ4 (T15.01) →クハ52 (S04.06) →クハ1552 (S28.02) 鋼体化→

形 式	番 号	車 体 寸 法			自重	定員(座席)	台 車			制 御 器		主電動機				製造年月
		最大長 mm	最大幅 mm	最大高 mm	ton		製造所	形式	軸距 mm	製造所	形式・制御方式	製造所	形 式	出力kw ×台数	製造所	
モハ2000	2001	18,600	2,772	4,220	35.0	100 (60)	住友金属	FS-510	2,250	三菱	ABFM-208-15MDH 電動カム軸 間接自動	三菱	MB-3054-AE	75.0×4	日車支店	S32.02
モハ2000	2002	18,600	2,772	4,220	33.2	100 (60)	住友金属	FS-510	2,250	三菱		三菱	MB-3054-AE	75.0×4	日車支店	S32.02
モハ2000	2003	18,600	2,744	4,220	33.0	100 (60)	日車支店	NA-4P	2,100	三菱	ABF-108-15EDHB 電磁空気単位SW式 間接自動	三菱	MB-3032-A	75.0×4	日車支店	S32.02
モハ2000	2004	18,600	2,744	4,220	33.0	100 (60)	日車支店	NA-4P	2,100	三菱		三菱	MB-3032-A	75.0×4	日車支店	S32.02
モハ2000	2005	18,600	2,744	4,220	33.0	100 (60)	日車支店	NA-4P	2,100	三菱	ABF-108-15EDHB 電磁空気単位SW式 間接自動	三菱	MB-3032-A	75.0×4	日車支店	S34.11
モハ2000	2006	18,600	2,744	4,220	33.0	100 (60)	日車支店	NA-4P	2,100	三菱		三菱	MB-3032-A	75.0×4	日車支店	S34.11
モハ2000	2007	18,600	2,772	4,220	35.0	100 (60)	日車本店	NA-315	2,100	三菱	ABF-108-15EDHB 電磁空気単位SW式 間接自動	三菱	MB-3032-AE2	75.0×4	日車本店	S39.07
モハ2000	2008	18,600	2,772	4,220	33.3	100 (60)	日車本店	NA-315	2,100	三菱		三菱	MB-3032-AE2	75.0×4	日車本店	S39.07
サハ2050	2051	18,600	2,772	4,050	25.3	100 (64)	日車支店	FS-510	2,250						日車支店	S32.02
サハ2050	2052	18,600	2,700	4,050	24.6	100 (64)	日車支店	NA-4	2,100						日車支店	S32.02
サハ2050	2053	18,600	2,700	4,050	24.6	100 (64)	日車支店	NA-4	2,100						日車支店	S34.11
サハ2050	2054	18,600	2,772	4,050	28.6	100 (64)	日車支店	NA-315T	2,100						日車本店	S39.07
モハ2500	2501	18,500	2,740	4,090	28.6	140 (58)	東急車輛	TS-301	2,400	東芝	PE-11B 電動カム軸 間接自動	東芝	SE-626	115.0×4	東急車輛	S32.03
モハ2500	2502	18,500	2,740	4,090	28.6	140 (58)	東急車輛	TS-301	2,400	東芝	PE-11B 電動カム軸 間接自動	東芝	SE-626	115.0×4	東急車輛	S31.12
モハ2500	2503	18,500	2,740	4,090	28.6	140 (58)	東急車輛	TS-301	2,400	東芝	PE-11B 電動カム軸 間接自動	東芝	SE-626	115.0×4	東急車輛	S32.12
モハ2500	2504	18,500	2,740	4,090	28.6	140 (58)	東急車輛	TS-301	2,400	東芝	PE-11B 電動カム軸 間接自動	東芝	SE-626	115.0×4	東急車輛	S31.08
モハ2500	2505	18,500	2,740	4,090	28.6	140 (58)	東急車輛	TS-301	2,400	東芝	PE-11A 電動カム軸 間接自動	東芝	SE-626	115.0×4	東急車輛	S31.06
モハ2500	2506	18,500	2,740	4,090	28.6	140 (58)	東急車輛	TS-301	2,400	東芝	PE-11B 電動カム軸 間接自動	東芝	SE-626	115.0×4	東急車輛	S31.07
モハ2500	2507	18,500	2,740	4,090	28.6	140 (58)	東急車輛	TS-301	2,400	東芝	PE-11B 電動カム軸 間接自動	東芝	SE-626	115.0×4	東急車輛	S33.01
モハ2500	2508	18,500	2,740	4,090	28.6	140 (58)	東急車輛	TS-301	2,400	東芝	PE-11A 電動カム軸 間接自動	東芝	SE-626	115.0×4	東急車輛	S30.06
モハ2500	2509	18,500	2,740	4,090	28.6	140 (58)	東急車輛	TS-301	2,400	東芝	PE-11B 電動カム軸 間接自動	東芝	SE-626	115.0×4	東急車輛	S33.09
モハ2500	2510	18,500	2,740	4,090	28.6	140 (58)	東急車輛	TS-301	2,400	東芝	PE-11A 電動カム軸 間接自動	東芝	SE-626	115.0×4	東急車輛	S31.02
クハ2550	2551	18,500	2,740	3,835	21.5	140 (58)	東急車輛	TS-301	2,400						東急車輛	S34.09
クハ2550	2552	18,500	2,740	3,835	21.5	140 (58)	東急車輛	TS-301	2,400						東急車輛	S34.05
クハ2550	2553	18,500	2,740	3,835	21.5	140 (58)	東急車輛	TS-301	2,400						東急車輛	S31.07
クハ2550	2554	18,500	2,740	3,835	21.5	140 (58)	東急車輛	TS-301	2,400						東急車輛	S34.05
クハ2550	2555	18,500	2,740	3,835	21.5	140 (58)	東急車輛	TS-301	2,400						東急車輛	S34.05
クハ2550	2556	18,500	2,740	3,835	21.5	140 (58)	東急車輛	TS-301	2,400						東急車輛	S31.06
クハ2550	2557	18,500	2,740	3,835	21.5	140 (58)	東急車輛	TS-301	2,400						東急車輛	S34.09
クハ2550	2558	18,500	2,740	3,835	21.5	140 (58)	東急車輛	TS-301	2,400						東急車輛	S30.08
クハ2550	2559	18,500	2,740	3,835	21.5	140 (58)	東急車輛	TS-301	2,400						東急車輛	S33.09
クハ2550	2560	18,500	2,740	3,835	21.5	140 (58)	東急車輛	TS-301	2,400						東急車輛	S31.02
モハ2600	2601	18,500	2,740	4,090	28.6	140 (58)	東急車輛	TS-301	2,400	東芝	PE-11B 電動カム軸 間接自動	東芝	SE-518	110.0×4	東急車輛	S32.03
モハ2600	2602	18,500	2,740	4,090	28.6	140 (58)	東急車輛	TS-301	2,400	東芝	PE-11A 電動カム軸 間接自動	東芝	SE-518	110.0×4	東急車輛	S30.08
モハ2600	2603	18,500	2,740	4,090	28.6	140 (58)	東急車輛	TS-301	2,400	東芝	PE-11B 電動カム軸 間接自動	東芝	SE-518	110.0×4	東急車輛	S33.06
モハ2610	2611	18,500	2,740	4,090	28.6	140 (58)	東急車輛	TS-301	2,400	東芝	PE-11B 電動カム軸 間接自動	東芝	SE-518	110.0×4	東急車輛	S32.02
モハ2610	2612	18,500	2,740	4,090	28.6	140 (58)	東急車輛	TS-301	2,400	東芝	PE-11A 電動カム軸 間接自動	東芝	SE-518	110.0×4	東急車輛	S30.09
モハ2610	2613	18,500	2,740	4,090	28.6	140 (58)	東急車輛	TS-301	2,400	東芝	PE-11B 電動カム軸 間接自動	東芝	SE-518	110.0×4	東急車輛	S33.06
サハ2650	2651	18,500	2,700	3,855	21.7	150 (64)	東急車輛	TS-301	2,400						東急車輛	S32.03
サハ2650	2652	18,500	2,700	3,855	21.7	150 (64)	東急車輛	TS-301	2,400						東急車輛	S30.08
サハ2650	2653	18,500	2,700	3,855	21.7	150 (64)	東急車輛	TS-301	2,400						東急車輛	S33.12
ED5000	5001	11,500	2,743	4,115	36.3		日立	板台枠	2,500	日立	電磁空気単位SW 間接非自動	日立	HS-261-A (EFC-H60)	150.0×4	日立	S02.08
ED5000	5002	11,500	2,743	4,115	36.3		日立	板台枠	2,500	日立	電磁空気単位SW 間接非自動	日立	HS-261-A (EFC-H60)	150.0×4	日立	S02.10
ED5000	5003	11,500	2,743	4,115	36.3		日立	板台枠	2,500	日立	電磁空気単位SW 間接非自動	日立	HS-261-A (EFC-H60)	150.0×4	日立	S03.01
ED5100	5101	13,800	2,830	4,100	50.0		新三菱	1B149	2,400	三菱	電磁空気単位SW 間接非自動	三菱	MB-266-BFVR	200.0×4	三菱	S32.04
ED5100	5102	13,800	2,830	4,100	50.0		新三菱	1B149	2,400	三菱	電磁空気単位SW 間接非自動	三菱	MB-266-BFVR	200.0×4	三菱	S32.04

改造所	改造年月	改造内容	使用開始年月	前所有	旧番号	廃車年月	備考
本車輌 本電装	H02.05 H11.07	冷房改造・室内更新 制御装置交換 台車交換	S32.03			H23.03	
本車輌 本電装	H02.05 H11.07	冷房改造・室内更新 台車交換	S32.03			H23.03	
本車輌	H01.07	冷房改造・室内更新	S32.03			H17.08	
本車輌	H01.07	冷房改造・室内更新	S32.03			H17.08	
本車輌	H02.07	冷房改造・室内更新	S34.12			H18.12	
本車輌	H02.07	冷房改造・室内更新	S34.12			H18.02	
本車輌	H01.05	冷房改造・室内更新	S39.08				
本車輌	H01.05	冷房改造・室内更新	S39.08				
本車輌 本電装	H02.05 H11.07	冷房改造・室内更新 台車交換 SIV (70kVA) 取付	S32.03			H23.03	
本車輌	H01.07	冷房改造・室内更新	S32.03			H17.08	
本車輌	H02.07	冷房改造・室内更新	S34.12			H18.12	
本車輌	H01.05	冷房改造・室内更新	S39.08				
横車輌	S52.08	*主電動機新製交換 主抵抗器新製交換	S52.09	東急電鉄	デハ5035	H07.03	*制動制御弁変更・室内更新・通風器変更
横車輌	S52.08	*主電動機新製交換 主抵抗器新製交換	S52.09	東急電鉄	デハ5029	H05.06	*制動制御弁変更・室内更新・通風器変更
横車輌	S53.01	*主電動機新製交換 主抵抗器新製交換	S53.02	東急電鉄	デハ5037	H05.12	*制動制御弁変更・室内更新・通風器変更
横車輌	S53.01	*主電動機新製交換 主抵抗器新製交換	S53.02	東急電鉄	デハ5023	H05.06	*制動制御弁変更・室内更新・通風器変更
横車輌	S53.08	*主電動機新製交換 主抵抗器新製交換	S53.09	東急電鉄	デハ5019	H05.07	*制動制御弁変更・室内更新・通風器変更
横車輌	S53.08	*主電動機新製交換 主抵抗器新製交換	S53.09	東急電鉄	デハ5021	H07.03	*制動制御弁変更・室内更新・通風器変更
横車輌	S53.08	*主電動機新製交換 主抵抗器新製交換	S53.09	東急電鉄	デハ5039	H05.12	*制動制御弁変更・室内更新・通風器変更
横車輌	S54.12	*主電動機新製交換 主抵抗器新製交換	S55.01	東急電鉄	デハ5011	H06.09	*制動制御弁変更・室内更新・通風器変更
横車輌	S54.12	*主電動機新製交換 主抵抗器新製交換	S55.01	東急電鉄	デハ5045	H08.03	*制動制御弁変更・室内更新・通風器変更
横車輌	S55.09	*主電動機新製交換 主抵抗器新製交換	S55.10	東急電鉄	デハ5015	H09.06	*制動制御弁変更・室内更新・通風器変更
横車輌	S51.12	*補助発電機取付 蓄電池箱取付	S52.07	東急電鉄	クハ5155	H07.03	東急電鉄 クハ5155⇒長野電鉄 クハ2551 (S52.01) 借入→編成替 (S55.09) → *制動制御弁変更・室内更新・通風器変更
横車輌	S52.08	*補助発電機取付 蓄電池箱取付	S52.09	東急電鉄	クハ5153	H05.06	*制動制御弁変更・室内更新・通風器変更
横車輌	S53.01	*補助発電機取付 蓄電池箱取付	S53.02	東急電鉄	*2クハ5157	H05.12	東急電鉄 デハ5022→*2クハ5157⇒長野電鉄 クハ2553 (S53.02) → *1制動制御弁変更・室内更新・通風器変更 *2書類上番号
横車輌	S53.01	*補助発電機取付 蓄電池箱取付	S53.02	東急電鉄	クハ5151	H05.06	*制動制御弁変更・室内更新・通風器変更
横車輌	S53.08	*補助発電機取付 蓄電池箱取付	S53.09	東急電鉄	クハ5152	H05.07	*制動制御弁変更・室内更新・通風器変更
横車輌	S53.08	*1補助発電機取付 蓄電池箱取付	S53.09	東急電鉄	*2クハ5156	H07.03	東急電鉄 デハ5020→*2クハ5156⇒長野電鉄 クハ2556 (S53.09) → *1制動制御弁変更・室内更新・通風器変更 *2書類上番号
横車輌	S53.08	*補助発電機取付 蓄電池箱取付	S53.09	東急電鉄	クハ5154	H05.12	*制動制御弁変更・室内更新・通風器変更
横車輌	S54.12	*1補助発電機取付 蓄電池箱取付	S55.01	東急電鉄	クハ5158	H06.09	東急電鉄 デハ5012→*2クハ5158⇒長野電鉄 クハ2558 (S55.01) → *1制動制御弁変更・室内更新・通風器変更
横車輌	S54.12	*補助発電機取付 蓄電池箱取付	S55.01	東急電鉄	*2クハ5159	H08.03	東急電鉄 デハ5046→*2クハ5159⇒長野電鉄 クハ2559 (S55.01) → *1制動制御弁変更・室内更新・通風器変更 *2書類上番号
横車輌	S55.09	*補助発電機取付 蓄電池箱取付	S55.10	東急電鉄	クハ5160	H09.06	東急電鉄 デハ5016→*2クハ5160⇒長野電鉄 クハ2560 (S55.10) → *1制動制御弁変更・室内更新・通風器変更 *2書類上番号
横車輌	S52.08	*主電動機界磁強化 主抵抗器新製交換	S52.09	東急電鉄	デハ5036	H07.08	東急電鉄 デハ5306⇒長野電鉄 モハ2601 (S52.01) 借入→編成替 (S55.09) → *制動制御弁変更・室内更新・通風器変更
横車輌	S55.09	*主電動機界磁強化 主抵抗器新製交換	S55.10	東急電鉄	デハ5014	H10.10	*制動制御弁変更・室内更新・通風器変更
横車輌	S60.10	*主電動機界磁強化 主抵抗器新製交換	S60.11	東急電鉄	デハ5041	H09.05	*制動制御弁変更・室内更新・通風器変更
横車輌	S51.12	*主電動機界磁強化 主抵抗器新製交替	S52.07	東急電鉄	デハ5033	H07.08	*制動制御弁変更・室内更新・通風器変更
横車輌	S55.09	*主電動機界磁強化 主抵抗器新製交換	S55.10	東急電鉄	デハ5013	H10.10	*制動制御弁変更・室内更新・通風器変更
横車輌	S60.10	*主電動機界磁強化 主抵抗器新製交換	S60.11	東急電鉄	デハ5042	H09.05	*制動制御弁変更・室内更新・通風器変更
横車輌	S52.08	*補助発電機取付 蓄電池箱取付	S52.09	東急電鉄	サハ5367	H07.08	東急電鉄 サハ5067→サハ5367 (S34.08) ⇒長野電鉄 サハ2651 (S52.09) → *室内更新・通風器変更
横車輌	S55.09	*補助発電機取付 蓄電池箱取付	S55.10	東急電鉄	サハ5357	H10.10	東急電鉄 サハ5057→サハ5357 (S34.08) ⇒長野電鉄 サハ2652 (S55.10) → *室内更新・通風器変更
横車輌	S60.10	*補助発電機取付 蓄電池箱取付	S60.11	東急電鉄	サハ5375	H09.05	東急電鉄 サハ5075→サハ5375 (S34.08) ⇒長野電鉄 サハ2653 (S60.10) → *室内更新・通風器変更
			S02.--			H14.03	501→ED5001 (S28.06) ⇒越後交通 借入⇒返却→廃車 (H14.03) ⇒長電テクニカル所有機械 →解体 (H17.03)
			S02.--			S45.04	502→ED5002 (S28.06) ⇒越後交通 ED511 (S45.04) →廃車 (S55.01) ⇒長野電鉄返還 (55.10)
			S03.--			S45.04	503→ED5003 (S28.06) ⇒越後交通 ED512 (S45.04) →廃車 (S55.01)
			S45.03	定山渓鉄道	ED5001	S54.09	定山渓鉄道 ED5001→廃車 (S41.11) ⇒長野電鉄 ED5101 (S45.03) ⇒越後交通 ED5101 (S54.09) →廃車 (H07.04)
			S45.03	定山渓鉄道	ED5002	S54.09	定山渓鉄道 ED5002→廃車 (S41.11) ⇒長野電鉄 ED5102 (S45.03) ⇒越後交通 ED5102 (S54.09) →廃車 (H07.04)

【著者プロフィール】
髙井薫平（たかいくんぺい）
昭和12（1937）年生まれ、慶應義塾大学法学部卒業。初めての地方私鉄行は昭和28（1953）年の静岡鉄道駿遠線だった。鉄道好きは中学のときからだが当時は模型専門で、高校に進学以来、鉄研に属して今日に至る。大学卒業後の昭和35（1960）年から鉄道車両部品メーカーに勤務、退任後は鉄道趣味に本格復帰し、鉄道友の会参与、BR賞選考委員長、島秀雄作品賞選考委員長、鉄道友の会東京支部長、鉄研三田会第5代会長などを経て、現在は鉄道友の会参与、著書に「軽便追想（ネコ・パブリッシング）」RMライブラリで「東野鉄道」「上武鉄道」「福島交通軌道線」「弘南鉄道」（ネコパブリッシング）、「小型蒸気機関車全記録」講談社など多数。

【執筆・編集協力者】
矢崎康雄（やざきやすお）
昭和46（1971）年慶應義塾大学商学部卒業、学生時代から聞けば何でも知っている重宝な人、都電とともに幼少期を過ごしたせいか、どちらかといえば、市電ファンでヨーロッパのほとんどの都市にトラムを見に行った。かつて三田会が編集した「朝日新聞社の世界の鉄道」では外国の部分の解説をほとんど一人で担当した。本書では「ことば解説」「駅や空撮の解説」などを担当してもらった。

亀井秀夫（かめいひでお）
昭和48（1973）年慶應義塾大学法学部卒業。学生時代から私鉄ファンで車両データや車両史にも詳しい。鉄道車両部品メーカーに勤務し、営業・企画を長く担当していた。本誌の諸元表作成には彼のコレクションが威力を発揮した。朝日新聞の世界の鉄道でも諸元表まとめの主要メンバーであった。現在、鉄道友の会理事（事業担当）。日本鉄道車輌工業会参与を務める。

【写真提供者】
吉村光夫
慶應義塾大学鉄研三田会の第3代会長、かつて「ロンちゃん」の愛称で親しまれたＴＢＳの名アナウンサー、鉄道ファンの中で今なお人気の高い。かつて鉄道友の会東京支部長も務めた、熱心な京急ファンであり、吉村さんの作られるOゲージモデルには多くの独創的な京浜電車が登場した。かつて昭和32（1957）年に鉄道模型趣味誌で発表した「備南電鉄」の紹介記事は衝撃的であり、このシリーズでも借用する。

齋藤晃
慶應義塾大学鉄道研究会の戦後再興の功労者、80分の1、13㎜ゲージのモデラーでもある。蒸気機関車についての造詣も深く「蒸気機関車の興亡」「狭軌の王者」「蒸気機関車の技術史」「蒸気機関車200年史」など著作も多い。現場主義であり、資料収集のため、活動範囲は国内にとどまらず、各地置ける蒸機列車撮影のほか、資料収集のため諸外国の鉄道博物館、図書館にも足を延ばす。第4代の鉄研三田会会長を長く務めた。

藤田幸一
戦後鉄研再興メンバーの一人、当時の趣味界に交友関係が広い。蒸気機関車と住んでいた東急沿線の写真など豊富。九州方面の情報も豊富で、僕の最初の筑豊行きには情報をもらって出かけた。平成21（2009）年没。

堀川正弘
長く鉄研三田会の経理部門を担当した。仕事柄全国を歩き、特に乗車券の収集は仲間内で有名、このシリーズでも彼のコレクションを掲載するコーナーを設けた。一時期横浜の中堅私鉄に勤務し、記念乗車券の発行の企画を一手に行っていた。

【写真提供等でご協力頂いた皆様】 荻原二郎、園田正雄、竹中泰彦、田尻弘行、今井啓輔、荻原俊夫、後藤文男、寺田裕一

昭和30年代～50年代の地方私鉄を歩く 第13巻
甲信越の私鉄(2)　信越本線沿い
上田丸子電鉄(丸子線、別所線、西丸子線、真田・傍陽線)
長野電鉄(長野線、屋代線、木島線)

2021年3月26日　第1刷発行

著　者………………髙井薫平
発行人………………高山和彦
発行所………………株式会社フォト・パブリッシング
　　　　　　　　　〒161-0032　東京都新宿区中落合2-12-26
　　　　　　　　　TEL.03-6914-0121 FAX.03-5955-8101
発売元………………株式会社メディアパル（共同出版者・流通責任者）
　　　　　　　　　〒162-8710　東京都新宿区東五軒町6-24
　　　　　　　　　TEL.03-5261-1171 FAX.03-3235-4645
デザイン・DTP………柏倉栄治（装丁・本文とも）
印刷所………………新星社西川印刷株式会社

ISBN978-4-8021-3230-5 C0026

本書の内容についてのお問い合わせは、上記の発行元（フォト・パブリッシング）編集部宛ての
Eメール（henshuubu@photo-pub.co.jp）または郵送・ファックスによる書面にてお願いいたします。